Langenscheidt

Verbtabellen

Spanisch

von Olga Balboa

Langenscheidt

Berlin · München · Wien · Zürich · New York

Herausgegeben von der Langenscheidt-Redaktion
Lektorat: Manuela Beisswenger
Layout: Ute Weber

www.langenscheidt.de

© 2008 by Langenscheidt KG, Berlin und München
Satz: kaltnermedia, Bobingen
Druck: CS-Druck CornelsenStürtz, Berlin
Bindung: Stein+Lehmann, Berlin

Printed in Germany

ISBN 978-3-468-34344-5

1. 2. 3. 4. 5. · 12 11 10 09 08

Benutzerhinweise

Die Langenscheidt Verbtabellen Spanisch wurden für Sie vollständig neu bearbeitet und sind nun noch benutzerfreundlicher, informativer und übersichtlicher. Die zweifarbige Gestaltung (fremdsprachliche Wörter und Beispielsätze sind auf den Textseiten hellblau hervorgehoben, deutsche Übersetzungen sind kursiv) und viele selbsterklärende Symbole tragen dazu bei, dass Sie einen guten Überblick über die wichtigsten spanischen Verben, ihre Grammatik und über die unterschiedlichen Konjugationsmuster bekommen.

Konjugationstabellen

Auf 70 Doppelseiten werden die wichtigsten spanischen Verben und ihre Konjugationsmuster dargestellt. Auf der linken Seite wird dabei das jeweilige Verb in einer Konjugationstabelle in allen relevanten Zeiten und Modi konjugiert abgebildet. ① Hier sehen Sie, zu welcher der drei Konjugationsgruppen das Verb gehört. ② Die Konjugationsnummer ordnet das Verb einem speziellen Konjugationsmuster zu. Sie ist wichtig, damit Sie auch andere Verben (z. B. all jene, die Sie in den Alphabetischen Verblisten am Ende des Buches antreffen) einem bestimmten Konjugationsmuster zuweisen können. ③ Gelegentlich finden Sie hier eine Kurzbeschreibung der wichtigsten Merkmale des jeweiligen Verbs. ④ In der Konjugationstabelle werden die Verbformen vollständig abgebildet, wobei auf den Musterkonjugationsseiten (z. B. zum Passiv) die typischen Formen bzw. Endungen dun-

kelblau hervorgehoben sind. Jene Formen, die eine Ausnahme darstellen und daher besonders schwierig sind, werden auch auf den später folgenden Seiten mit Konjugationstabellen stets hellblau hervorgehoben. Abweichende Schreibweisen, z. B. bei einzelnen Buchstabenänderungen in einer bestimmten Verbform, werden durch fett gesetzte Buchstaben betont. ⑤ Die Personalpronomen werden nur beim Imperativ aufgeführt, um die einzelnen Personen besser zuordnen zu können. Alle übrigen Formen des Verbs werden jedoch ohne Personalpronomen angegeben, da diese nur zur besonderen Betonung verwendet werden.

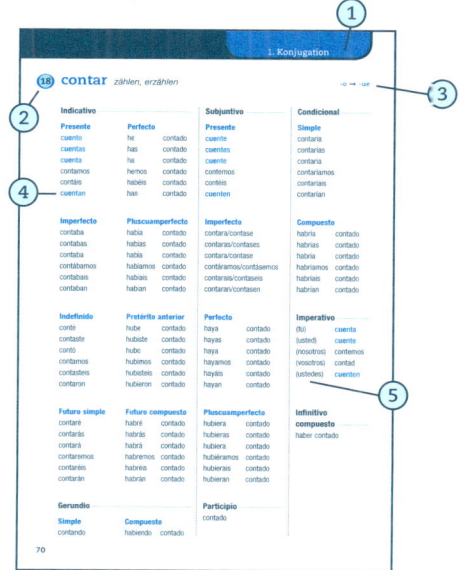

Infoseiten

Auf der rechten Seite finden Sie zusätzliche Informationen zum jeweiligen Verb, und zwar in Form von konkreten Anwendungsbeispielen ⑥ und festen Redewendungen ⑦. Alternativ zu den Redewendungen stehen manchmal auch Sprichwörter oder Witze. Ferner treffen Sie in der Rubrik Ähnliche bzw. Andere Verben ⑧ auf Synonyme und/oder Ableitungen bzw. auf Antonyme. Unter der Rubrik Gebrauch ⑨ finden Sie besondere Hinweise darauf, wie das Verb in der Praxis verwendet wird. Alternativ zeigen wir Ihnen auch unter der Rubrik Aufgepasst! formale Besonderheiten und mögliche Stolpersteine auf. Gelegentlich finden Sie auch die Rubrik Tipps & Tricks ⑩, die beispielsweise auf Verben mit dem gleichen Konjugationsmuster oder auf andere praktische Hilfestellungen verweist. Das Anmerkungsfeld ⑪ dient dazu, dass Sie weitere Verben zu den jeweils passenden Konjugationsmustern ergänzen und somit Ihren Wortschatz aktiv erweitern können.

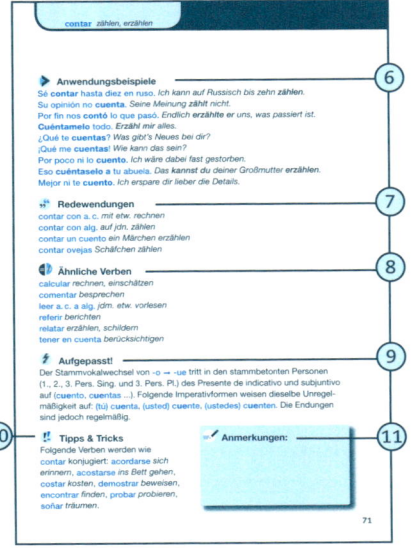

Tipps & Tricks

Damit Ihnen der Einstieg in die verschiedenen Konjugationsmuster der spanischen Verben leichterfällt, verraten wir Ihnen vorab in einem Extra-Teil ein paar Tipps & Tricks zum Konjugationstraining.

Grammatik rund ums Verb

In der Grammatik rund ums Verb werden in Kürze alle relevanten Grammatikthemen behandelt, die Sie beherrschen sollten, um die spanischen Verben richtig verwenden und konjugieren zu können.

Symbole

Folgende Symbole werden Ihnen in der Grammatik rund ums Verb begegnen: Unter ❶ erhalten Sie Informationen zu den speziellen Spracheigenheiten des Spanischen sowie zum landestypischen Sprachgebrauch.

Unter ☼ finden Sie einen Merksatz, den Sie sich gut einprägen sollten.

➡ Hier wird der Sprachgebrauch im gesprochenen dem geschriebenen Spanischen gegenübergestellt.

⚡ weist Sie auf Stolpersteine hin, damit Sie diese möglichen Fehlerquellen vermeiden können. Hier handelt es sich zumeist um Unterschiede zwischen dem deutschen und dem spanischen Sprachgebrauch.

◑ signalisiert Ihnen, dass es sich hier um eine Ausnahme oder Sonderform handelt, die Sie sich besonders gut merken sollten.

Das Symbol ▷ verweist auf andere Stellen im Buch, die Sie sich bei dieser Gelegenheit ansehen sollten.

Niveaustufenangaben gemäß dem Europäischen Referenzrahmen

In der Grammatik rund ums Verb treffen Sie mitunter auch auf folgende Niveaustufenangaben: **A1** , **A2** , **B1** , **B2** . Diese verraten Ihnen, welche Grammatikthemen und welche Regeln für Ihr Lernniveau relevant sind. Die Niveaustufen beziehen sich nicht nur auf das jeweilige Grammatikkapitel, sondern auch auf das in den Beispielsätzen verwendete Vokabular. So wissen Sie auch genau, dass Ihnen dieser Wortschatz bekannt sein sollte.

In der Praxis heißt das: Ist ein Grammatikkapitel beispielsweise der Niveaustufe **A1** zugeordnet, so sind alle verwendeten Vokabeln A1, es sei denn, sie sind mit einer anderen Niveaustufe, z. B. **A2** (direkt vor dem jeweiligen Wort oder Satz), versehen. Alle in diesem Kapitel enthaltenen Grammatikregeln sollten Sie dann beherrschen, es sei denn, eine Niveaustufenangabe am Rand weist Sie darauf hin, dass diese Regel für ein höheres Niveau, z. B. **B1** , bestimmt ist.

Hier eine kurze Erläuterung, welche Kenntnisse auf die einzelnen Niveaustufen des Europäischen Referenzrahmens zutreffen:

A1/A2: *Elementare Sprachverwendung*, d. h.
A1 : Sie können einzelne Wörter und ganz einfache Sätze verstehen und formulieren.
A2 : Sie können die Gesprächssituationen des Alltags bewältigen und kurze Texte verstehen oder selbst verfassen.

B1/B2: *Selbstständige Sprachverwendung*, d. h.
B1 : Sie können sich in den Bereichen Alltag, Reise und Beruf schriftlich und mündlich gut verständigen.
B2 : Sie verfügen aktiv über ein großes Repertoire an grammatikalischen Strukturen und Redewendungen und können im Gespräch mit Muttersprachlern bereits stilistische Nuancen erfassen.

C1/C2: *Kompetente Sprachverwendung*, d. h.
C1 : Sie können sich spontan und fließend zu verschiedenen, auch komplexen oder fachspezifischen Sachverhalten äußern und sich schriftlich wie mündlich an die stilistischen Erfordernisse anpassen.
C2 : Sie können mühelos jeder Kommunikationsform in der Fremdsprache folgen und sich daran beteiligen. Dabei verfügen Sie über ein umfassendes Repertoire an Grammatik und Wortschatz und beherrschen die verschiedenen Stilebenen.

Verben mit Präposition und Alphabetische Verblisten

Am Ende des Buches finden Sie eine Auflistung einiger spanischer Verben, die mit verschiedenen Präpositionen verwendet werden können. Die Alphabetischen Verblisten ermöglichen Ihnen ein schnelles Nachschlagen der Verben sowie eine leichte Zuordnung von über 1000 Verben zu den verschiedenen Konjugationsmustern.

Inhaltsverzeichnis

Benutzerhinweise – Indicaciones para el lector 3
Abkürzungen – Abreviaturas 7
Tipps & Tricks zum Konjugationstraining –
Consejos y trucos para practicar la conjugación 8
Terminologie – Terminología 14

Grammatik rund ums Verb – Gramática

1 Das Verb – El verbo **16**
1.1   Die Verben ser, estar und hay – Los verbos ser, estar y hay 16
1.2   Das Modal- und Hilfsverb – El verbo modal y auxiliar 17
1.3   Das reflexive Verb – El verbo reflexivo 18
1.4   Die unpersönlichen Formen – Las formas impersonales 18

2 Der Indikativ – El indicativo **19**
2.1   Das Präsens – El presente 19
2.2   Die Vergangenheit – El pasado 21
2.2.1 Das Perfekt – El perfecto 21
2.2.2 Das Indefinido (historische Vergangenheit) – El indefinido 21
2.2.3 Das Imperfekt – El imperfecto 23
2.2.4 Das Plusquamperfekt – El pluscuamperfecto 24
2.2.5 Das Pretérito anterior – El pretérito anterior 25
2.3   Das Futur – El futuro 25
2.3.1 Das Futur I – El futuro simple 25
2.3.2 Das Futur II – El futuro compuesto 26
2.4   Der Konditional – El condicional 27
2.4.1 Der Konditional I – El condicional simple 27
2.4.2 Der Konditional II – El condicional compuesto 27

3 Der Subjuntivo – El subjuntivo **28**
3.1   Der Subjuntivo Präsens – El presente de subjuntivo 28
3.2   Der Subjuntivo der Vergangenheit – El subjuntivo en el pasado 29
3.2.1 Der Subjuntivo Imperfekt – El imperfecto de subjuntivo 29
3.2.2 Der Subjuntivo Perfekt – El perfecto de subjuntivo 29
3.2.3 Der Subjuntivo Plusquamperfekt –
       El pluscuamperfecto de subjuntivo 30
3.3   Der Gebrauch des Subjuntivo – El uso del subjuntivo 30

4 Der Imperativ – El imperativo **31**

5 Der Infinitiv – El infinitivo **33**

⑥ Das Partizip – El participio 33

⑦ Das Gerund – El gerundio 34

⑧ Das Passiv – La voz pasiva 35

Konjugationstabellen und Infoseiten – Tablas de conjugación y páginas informativas

Musterkonjugation ① Hilfsverb ser – El verbo auxiliar ser 36
Musterkonjugation ② Hilfsverb estar – El verbo auxiliar estar 38
Musterkonjugation ③ Hilfsverb haber – El verbo auxiliar haber 40
Musterkonjugation ④ Reflexives Verb – El verbo reflexivo 42
Musterkonjugation ⑤ Passiv – La voz pasiva 44
Musterkonjugation ⑥ 1. Konjugation auf -ar – 1ª conjugación en -ar 46
Musterkonjugation ⑦ 2. Konjugation auf -er – 2ª conjugación en -er 48
Musterkonjugation ⑧ 3. Konjugation auf -ir – 3ª conjugación en -ir 50
Konjugationstabellen mit Infoseiten Konjugationsnummer ⑨ – ⑦⓪ –
Tablas de conjugación y páginas informativas 52

Verben mit Präposition – Verbos con preposición 176
Alphabetische Verbliste Spanisch – Deutsch –
Lista alfabética de verbos español – alemán 131
Alphabetische Verbliste Deutsch – Spanisch –
Lista alfabética de verbos alemán – español 187

Abkürzungen

a. c.	alguna cosa	*jdm.*	jemandem
alg.	alguien	*jdn.*	jemanden
bzw.	beziehungsweise	*jds.*	jemandes
d. h.	das heißt	*Pers.*	Person
etc.	et cetera	*Pl.*	Plural
etw.	etwas	*Sing.*	Singular
Ger.	Gerund	*usw.*	und so weiter
Inf.	Infinitiv	*z. B.*	zum Beispiel
jd.	jemand		

Tipps & Tricks zum Konjugationstraining

Um Verben richtig konjugieren zu können, muss man nicht zwingend stoisch ganze Verbkonjugationen, Zeitformen und Endungen auswendig lernen oder gar hundertmal das gleiche Konjugationsschema abschreiben. Nein, Verben konjugieren kann Spaß machen und auf unterhaltsame Weise erlernt werden. Um Ihnen den Umgang mit spanischen Verben ganz leicht zu machen, verraten wir Ihnen hier einige praktische Tipps & Tricks zum Konjugationstraining.

L! Pioniergeist ist gefragt

Versuchen Sie, die Andersartigkeit der Fremdsprache und ihrer Konjugationsmuster nachzuvollziehen. Sehen Sie das Erlernen der verschiedenen Zeiten, Formen und Verben einer Fremdsprache als Chance, Ihren eigenen Erfahrungsschatz zu erweitern, als Einblick in Denkweisen, die Ihnen nicht vertraut sind, die für andere Menschen, die diese Sprache täglich sprechen, aber ganz selbstverständlich sind. Zeigen Sie Pioniergeist! Lassen Sie Ihrer Freude am sprachlich Neuen, Fremden und Andersartigen freien Lauf!

L! Das Gesetz der Regelmäßigkeit

Konjugationstraining ist wie Krafttraining fürs Gehirn. Wer nur einmal alle Jubeljahre trainiert, wird wohl kein Fitnessgenie. Es ist sinnvoller, regelmäßig ein wenig als unregelmäßig viel zu lernen. Setzen Sie einen bestimmten Zeitpunkt fest, zu dem Sie sich ungestört dem Konjugationstraining widmen können, z. B. täglich eine Viertelstunde vor dem Einschlafen oder drei Mal wöchentlich in der Mittagspause. Wie immer Sie sich entscheiden: Lernen Sie kontinuierlich, denn nur so lässt sich auch Ihr Langzeitgedächtnis trainieren.

L! Aufwärmen lohnt sich

Gelernten Stoff zu wiederholen ist wie leichtes Joggen: Laufen Sie sich warm mit Altbekanntem, bevor Sie sich an Neues wagen. Auch wenn Sie noch nicht alle Konjugationsmuster einer Sprache kennen und noch viel Neues vor sich haben, darf das bereits Erlernte nicht vernachlässigt werden. Wiederholen Sie auch Konjugationen, die Sie schon gut können, das macht Spaß und hält fit.

L! Das Salz in der Suppe

Versuchen Sie niemals, sich zu viele Konjugationsmuster auf einmal einzuprägen. Man verliert sonst schnell den Überblick und läuft Gefahr, sich etwas Falsches zu merken oder gar die verschiedenen Konjugationen durcheinanderzuwürfeln. Verbkonjugationen sind wie das Salz in der „Fremdsprachen-Suppe". Ebenso wie man eine Suppe versalzen kann, kann man sich das Erlernen einer Fremdsprache erschweren, indem man versucht, sich zu viele Konjugationsmuster auf einmal zu merken. Lernen Sie langsam, stetig und zielorientiert und verdauen Sie in kleinen Häppchen. Nur Geduld!

L! Eigenlob stinkt nicht immer

Schauen Sie auf das, was Sie bereits gelernt haben. Loben Sie sich für gemachte Fortschritte oder belohnen Sie sich für gute Leistungen. Lob motiviert und Motivation ist eine grundlegende Voraussetzung fürs Lernen.

L! Schluss mit dem Fachchinesisch

Wenn Sie etwas Neues lernen, kommen immer auch neue Fachbegriffe auf Sie zu, die Sie kennen sollten. Wählen Sie gezielt nach und nach einzelne Grammatikbegriffe aus (▷ Terminologie) und machen Sie sich mit ihrer Bedeutung vertraut. Sie werden sehen, dass es Ihnen im Laufe der Zeit leichterfallen wird, die unterschiedlichen Konjugationsmuster und Zeitformen einer Fremdsprache nachzuvollziehen, wenn für Sie die Fachterminologie nicht mehr Fachchinesisch ist.

L! Hemmungslos werden

Auch wenn die Beschäftigung mit Verbkonjugationen nicht zu Ihren bevorzugten Freizeitaktivitäten gehört, sollten Sie, um Abneigungen, Hemmungen oder Widerwillen abzubauen, die Konjugationsmuster mit anderen, alltäglichen Regeln vergleichen. Straßenverkehrsregeln, mathematische Grundregeln, Regeln von Sportarten etc. sind Ihnen heute völlig vertraut, mussten jedoch erst einmal von Ihnen gelernt werden. Auch die Regeln, die den Verbkonjugationen zugrunde liegen, werden Sie eines Tages verinnerlicht haben und, ohne darüber nachdenken zu müssen, intuitiv anwenden können.

L! Fehleranalyse gegen Fettnäpfchen

Haben Sie keine Angst vor Fehlern! Es ist nicht das Ziel des Lernens, keine Fehler zu machen, sondern gemachte Fehler zu bemerken. Nur wer einen Fehler im Nachhinein erkennt, kann ihn beim nächsten Mal vermeiden. Das Beherrschen der unterschiedlichen Konjugationsmuster einer Fremdsprache und das Verinnerlichen von Musterkonjugationen ist dabei durchaus hilfreich: zum einen, um einen Fehler nachvollziehen zu können, und zum anderen, um nicht ein zweites Mal in dasselbe Fettnäpfchen zu treten.

L! Haben Sie einen Typ?

Finden Sie heraus, welcher Lerntyp Sie sind. Behalten Sie eine Verbform schon im Gedächtnis, wenn Sie sie gehört haben (*Hörtyp*) oder müssen Sie sie gleichzeitig sehen (*Seh-/Lesetyp*) und dann aufschreiben (*Schreibtyp*)? Macht es Ihnen Spaß, verschiedene Konjugationen und Zeitformen in kleinen Rollenspielen auszuprobieren (*Handlungstyp*)? Die meisten Menschen tendieren zum einen oder anderen Lerntyp. Reine Typen kommen nur sehr selten vor. Sie sollten daher sowohl Ihren Typ ermitteln als auch Ihre Lerngewohnheiten Ihren Vorlieben anpassen. Halten Sie also Augen und Ohren offen und lernen Sie ruhig mit Händen und Füßen, wenn Sie der Typ dafür sind.

L! Sag's mit einem Post-it

Auf Post-its wurden schon Heiratsanträge gemacht oder Beziehungen beerdet. Also ist es kein Wunder, dass man damit auch Konjugieren lernen kann. Schreiben Sie sich einzelne Verbformen (idealerweise mit Beispielen, s. u.) separat auf Blätter oder Post-its und hängen Sie sie dort hin, wo Sie sie täglich sehen können, z. B. ins Bad über den Spiegel, an den Computer, den Kühlschrank oder neben die Kaffeemaschine. So verinnerlichen Sie schwierige Verbformen ganz nebenbei. Denn das Auge lernt mit.

L! Beispielsätze gegen Trockenfutter

Trockenfutter ist schwer verdaulich. Die verschiedenen Konjugationsmuster trocken aufzunehmen ebenso. Überlegen Sie sich zu jedem Verb einen Beispielsatz und konjugieren Sie diesen durch die verschiedenen Zeiten und Modi.

Fortgeschrittene können in Originaltexten (Zeitungen, Büchern, Filmen, Songtexten) nach konkreten Anwendungsbeispielen suchen. So werden die Konjugationen leicht bekömmlich.

L! Führen Sie Selbstgespräche

Wählen Sie besonders schwierige Verbformen aus, schreiben Sie dazu einzelne Beispielsätze auf und sprechen Sie diese laut vor sich hin, z. B. unter der Dusche, beim Spazierengehen oder während langer Autofahrten. Reden Sie mit sich selbst in der Fremdsprache, so prägen Sie sich auch komplizierte Verbformen ganz schnell ein.

L! Grammatik à la Karte

Wie beim Vokabellernen im Allgemeinen lässt sich auch für Verben im Besonderen eine Art Karteikasten mit einzelnen Karten anlegen. Schreiben Sie die Verben – auch in konjugierter Form oder mit Beispielsätzen – auf die eine

Seite und die Übersetzungen dazu auf die andere. Schauen Sie sich die Karten regelmäßig an und sortieren Sie die, die Ihnen vertraut sind, allmählich aus.

L! Gegensätze ziehen sich an

Merken Sie sich Verben paarweise, indem Sie sich immer auch ein Verb, das das Gegenteil bedeutet (Antonym), einprägen oder ein weiteres Verb mit der gleichen Bedeutung (Synonym). Das hilft Ihnen, nicht „sprachlos" zu sein, wenn Ihnen ein Verb mal nicht gleich einfällt oder Sie sich nicht sicher sind, wie es konjugiert wird. Indem Sie Antonyme und Synonyme mit dazulernen, bauen Sie sich einen breit gefächerten Wortschatz auf und können aus dem Vollen schöpfen.

L! Vor-/nach-/raus-/rein-/runter-/rüber- …gehen

Manche Verben können durch eine Vorsilbe eine andere Bedeutung annehmen. In der Regel verändert sich dabei jedoch nicht das Konjugationsmuster. Das ist sehr praktisch, denn auf diese Weise müssen Sie nur das Konjugationsmuster eines Verbs lernen und beherrschen so aber gleich automatisch die Konjugation zahlreicher Ableitungen des Verbs.

L! Haben Sie einen Plan?

Schreiben Sie Verben, die das gleiche Konjugationsmuster haben, auf einem großen Bogen Papier, eventuell mit Zeichnungen, Verweisen oder kurzen Beispielen, überschaubar zusammen und erstellen Sie Ihren persönlichen Lageplan. Mithilfe sogenannter *mind maps* können Sie sich schon durch das bloße Erstellen des Plans ganz schnell einen Gesamtüberblick über die verschiedenen Konjugationsmuster verschaffen. Ob Sie dieses Papier dann auch irgendwo hinhängen oder nicht, ist nicht ausschlaggebend, denn Sie haben dann ja den Plan schon im Kopf.

L! Denken Sie in Schubladen

Was im wahren Leben nicht unbedingt sinnvoll ist, kann beim Konjugationstraining hilfreich sein. Machen Sie sich gedankliche Schubladen, in die Sie die gelernten Verben einsortieren, und versehen Sie diese mit Etiketten: regelmäßige Verben, unregelmäßige Verben, Hilfsverben etc.

L! Bleiben Sie in Bewegung

Sie müssen beim Lernen nicht unbedingt am Schreibtisch sitzen. Stehen Sie auf, gehen Sie im Zimmer auf und ab oder wiederholen Sie beim Spazierengehen, beim Joggen, beim Schwimmen in Gedanken die neu gelernten Konjugationen. Ihr Gehirn funktioniert nachweislich besser, wenn Ihr Körper in Bewegung ist. Und Ihr Kreislauf dankt es Ihnen auch.

L! Beweisen Sie Taktgefühl

Klopfen Sie im Takt dazu (z. B. auf die Tischplatte), wenn Sie sich eine Konjugation einprägen wollen. Takt und Rhythmus fördern Ihr Erinnerungsvermögen. Eventuell hilft auch musikalische Unterstützung in Form von Hintergrundmusik. Und beim Wiederholen der Verbformen können Sie Ihr Taktgefühl und Ihr Gedächtnis zugleich unter Beweis stellen.

L! Grammatik aus dem Ei

Behelfen Sie sich beim Lernen von Konjugationsmustern oder Verbformen, die eine Ausnahme darstellen, mit Eselsbrücken, Reimen, Merkhilfen und Lernsprüchen. „7-5-3 Rom schlüpft aus dem Ei" – was bei historischen Jahreszahlen funktioniert, klappt auch beim Sprachenlernen.

L! Machen Sie Witze?

Merken Sie sich Witze, in denen ein bestimmtes Verb, das Sie lernen wollen, vorkommt. Indem Sie sich den Witz in der Fremdsprache einprägen und sich an diesen erinnern, prägen Sie sich auch die Verbform und ihre Bedeutung gut ein. Das funktioniert gleichermaßen mit Sprichwörtern und Redewendungen. Aber denken Sie daran, dass sich feste Wendungen nicht immer wörtlich von einer Sprache in die andere übertragen lassen!

L! Setzen Sie Ihrer Fantasie keine Grenzen

Machen Sie sich im wahrsten Sinne ein Bild von der Situation, denn auch Bilder, die Sie im Kopf haben, dienen als Gedächtnisstützen. Versuchen Sie also, ein neu gelerntes Verb gedanklich mit einem einfachen Bild zu verknüpfen. Was sagt das Verb aus? Vor allem das Erlernen der Zeiten funktioniert besser, wenn Sie sich das, was die jeweilige Zeitform ausdrückt, visuell vorstellen.

L! Gretchenfrage: Und wie steht's mit der Muttersprache?

Denken Sie über Ihre eigenen Sprechgewohnheiten nach und schauen Sie sich die Regeln Ihrer Muttersprache an. Die Gesetze der Fremdsprache sind viel einfacher nachvollzieh- und erlernbar, wenn man die Unterschiede zur eigenen Muttersprache kennt. Welche Zeitformen verwenden Sie wann, wie werden sie gebildet etc.? Indem Sie die Fremdsprache mit Ihrer Muttersprache vergleichen, machen Sie sich Parallelen und Unterschiede bewusster und prägen sich diese gleich viel besser ein.

L! Lieber hin und weg als auf und davon

Lernen Sie die Verben auch gleich in Verbindung mit verschiedenen Präpositionen. Sie werden zum einen merken, dass Sie damit Ihren Wortschatz ganz schnell erweitern können, da die Verben je nach Präposition zumeist auch unterschiedliche Bedeutungen haben. Zum anderen werden Sie feststellen, dass in der Fremdsprache häufig ganz andere Präpositionen mit dem Verb verwendet werden als in Ihrer Muttersprache.

L! Gebrauchsanweisung

Wenn Sie sich ein Verb und sein Konjugationsmuster einprägen, dann achten Sie auch darauf, den richtigen Gebrauch des Verbs mitzulernen. Denn nur so können Sie das Gelernte auch in der Praxis erfolgreich zur Anwendung bringen.

L! Wer liest, ist im Vorteil

Wagen Sie sich langsam an fremdsprachige Lektüre heran, sei es in vereinfachter Form mit Übersetzungshilfen, sei es in Form leichter Originaltexte, und schauen Sie sich insbesondere die verwendeten Verbformen immer wieder bewusst an. Es zählt nicht, wie viel Sie lesen, sondern dass Sie einzelne Zeit- und Verbformen im Kontext nachvollziehen und verstehen können, was ausgedrückt werden soll.

L! Haben Sie O-Töne?

Lernen Sie multimedial. Schauen Sie DVDs oder Kinofilme im Originalton und wenn möglich mit Originaluntertitel an, also z. B. einen spanischen Film mit spanischem Untertitel. Sie werden sehen, dass Sie durch das Mitlesen das Gesprochene wesentlich besser verstehen als ohne die Texthilfe. Halten Sie die DVD gelegentlich auch mal an und schreiben Sie sich interessante Verben, auch in Verbindung mit verschiedenen Präpositionen oder als ganze Redewendung, auf.

L! Verben – ab in den Koffer!

Das Spiel „Ich packe in meinen Koffer …" kennt vermutlich jeder. Falls nicht, hier die ultimative Variante zum Konjugationstraining zu zweit: Setzen Sie sich mit Ihrem Mitlerner zusammen und beginnen Sie, indem Sie eine Verbform laut sagen. Ihr Mitlerner muss diese wiederholen und eine andere Verbform hinzufügen. Dann sind wieder Sie an der Reihe mit der nächsten Verbform usw. Der Vorteil bei dieser Trainingsform ist, dass Sie nicht nur Verbkonjugationen und Vokabeln gleichzeitig lernen, sondern auch Ihr Gedächtnis in Schwung halten und das Ganze auf spielerische und unterhaltsame Art und Weise.

L! Kofferpacken für Fortgeschrittene
Wenn Sie Spaß am spielerischen Lernen gefunden haben, dann gefällt Ihnen sicher auch „Kofferpacken für Fortgeschrittene". Wenn Sie ein Verb „in den Koffer packen", dann muss Ihr Mitspieler ein Verb mit dem in der alphabetischen Reihenfolge folgenden Euchstaben dazupacken usw. Sie sind auf jeden Fall im Vorteil, denn Sie können sich ja mit den Alphabetischen Verb isten am Ende des Buches bestens auf das verbale Duell vorbereiten.
Wenn Ihnen das noch nicht reicht, dann gibt es noch die ultimativ spaßige Verben-in-den-Koffer-pack-Variante: Sie vereinbaren mit Ihrem Mitspieler im Vorfeld zwei Handzeichen. Daumen nach oben heißt, dass die Verber, wie oben beschrieben, in alphabetisch aufsteigender Variante gepackt werden müssen. Daumen nach unten heißt, dass das nächste Verb mit einem Anfangsbuchstaben in alphabetisch absteigender Richtung beginnen muss. Das geht dann so lange so weiter, bis es zum nächsten Richtungswechsel kommt. Sie werden sehen, lachen ist vorprogrammiert und der Lerneffekt auch.

L! Verb-Memo für Einzelkämpfer zur Pärchenbildung
Um Ihrem neu entdeckten Spieltrieb keinen Abbruch zu tun, hier noch ein

Spieltipp, den Sie auch alleine umsetzen können. Schreiben Sie sich die gleiche konjugierte Verbform jeweils auf zwei Kärtchen. Insgesamt sollten Sie ca. 20 bis 30 Kärtchen erstellen, die Sie dann umdrehen und mischen. Dann decken Sie ein Kärtchen auf und versuchen unter den umgedrehten Kärtchen das Pendant zu Ihrem Kärtchen zu finden. Werden Sie nicht auf Anhieb fündig, so müssen Sie die Karte wieder umdrehen. Merken Sie sich gut, auf welcher Karte sich welche Verbform befindet, und verwechseln Sie sehr ähnlich aussehende Formen nicht! Wenn Sie ein Pärchen haben, dürfen Sie dieses aus dem Spiel nehmen. Das geht so lange, bis keine Karten mehr im Spiel sind. Auch hier trainieren Sie nicht nur die Konjugationen, sondern Ihr Gedächtnis und manchmal auch Ihre Geduld.

L! Learning by doing in freier Wildbahn
Zu guter Letzt, wenden Sie die gelernten Verben und Konjugationen aktiv an. Reisen Sie in Länder, in denen die Sprache gesprochen wird, genießen Sie es, mit Menschen in der Fremdsprache zu sprechen, die Sie gerade lernen oder dann auch schon können, und freuen Sie sich über die Anerkennung, die Sie dafür bekommen, und die Kontakte, die Sie dabei knüpfen können – weil Sprachen verbinden …

Viel Spaß und Erfolg beim Konjugieren wünscht Ihnen
Ihre Langenscheidt-Redaktion

Terminologie

Spanisch	Deutsch
adjetivo	*Adjektiv*
adverbio	*Adverb*
artículo	*Artikel*
cambio vocálico	*Vokalwechsel*
condicional	*Konditional*
condicional compuesto	*Konditional II*
condicional simple	*Konditional I*
conjugación	*Konjugation*
conjugar	*konjugieren*
conjunción	*Konjunktion*
derivado	*Ableitung*
discurso directo	*direkte Rede*
discurso indirecto	*indirekte Rede*
forma verbal impersonal	*unpersönliche Verbform*
futuro	*Futur*
futuro compuesto	*Futur II*
futuro simple	*Futur I*
género	*Genus*
gerundio	*Gerund*
gerundio compuesto	*zusammengesetztes Gerund*
gerundio simple	*einfaches Gerund*
imperativo	*Imperativ*
imperfecto de indicativo	*Imperfekt*
imperfecto de subjuntivo	*Subjuntivo Imperfekt*
indefinido	*Indefinido (historische Vergangenheit)*
indicativo	*Indikativ*
infinitivo	*Infinitiv*
infinitivo compuesto	*zusammengesetzter Infinitiv*
infinitivo simple	*einfacher Infinitiv*
modo	*Modus*
numeral	*Zahlwort*
número	*Numerus*
oración condicional	*Bedingungssatz*
oración independiente	*unabhängiger Satz*
oración principal	*Hauptsatz*
oración subordinada	*Nebensatz*
participio	*Partizip*

Spanisch	Deutsch
pasado	*Vergangenheit*
perfecto de indicativo	*Perfekt*
perfecto de subjuntivo	*Subjuntivo Perfekt*
persona	*Person*
plural	*Plural*
pluscuamperfecto de indicativo	*Plusquamperfekt*
pluscuamperfecto de subjuntivo	*Subjuntivo Plusquamperfekt*
predicado	*Satzaussage*
preposición	*Präposition*
presente de indicativo	*Präsens*
presente de subjuntivo	*Subjuntivo Präsens*
pretérito anterior	*Pretérito anterior*
pronombre demostrativo	*Demonstrativpronomen*
pronombre indefinido	*Indefinitpronomen*
pronombre personal	*Personalpronomen*
pronombre personal objeto	*Objektpronomen*
pronombre posesivo	*Possessivpronomen*
pronombre reflexivo	*Reflexivpronomen*
raíz	*Verbstamm*
singular	*Singular*
subjuntivo	*Subjuntivo*
sujeto	*Subjekt*
sustantivo	*Substantiv*
terminación	*Endung*
tiempo	*Tempus, Zeit*
verbo	*Verb*
verbo auxiliar	*Hilfsverb*
verbo irregular	*unregelmäßiges Verb*
verbo modal	*Modalverb*
verbo pleno	*Vollverb*
verbo reflexivo	*reflexives Verb*
verbo regular	*regelmäßiges Verb*
voz activa	*Aktiv*
voz pasiva	*Passiv*

① Das Verb

☼ Die spanischen Verben werden nach ihrer Infinitivendung in drei Konjugationen eingeteilt: Die Verben der 1. Konjugation enden auf **-ar**, die der 2. Konjugation auf **-er** und die der 3. Konjugation auf **-ir**. ❶ Die meisten Verben gehören der 1. Konjugation an.

1.1 Die Verben ser, estar und hay

❶ Die Verben **ser** und **estar** entsprechen beide dem deutschen Verb *sein*, wobei **ser** wesentliche Eigenschaften und **estar** vorübergehende Merkmale bezeichnet. **Hay** ist eine unpersönliche Form des Hilfsverbs **haber** *haben* und bedeutet *es gibt/da ist/da sind*.

Gebrauch

Das Verb **ser** wird verwendet:
- um Personen oder Sachen zu identifizieren:
  Rocío Hernández es mi profesora de español. *Rocío Hernández ist meine Spanischlehrerin.*
- für Zeitangaben:
  Son las cuatro. *Es ist vier Uhr.*
- vor der Präposition **de** zur Angabe der Herkunft, des Besitzes:
  Estas estudiantes son de Italia. *Diese Studentinnen sind aus Italien.*
  El libro es de mi padre. *Das Buch gehört meinem Vater.*
- für Preisangaben:
  ¿Cuánto es? *Wie viel macht das?*
  (◐ Aber: Bei schwankenden Preisen wird **estar + a** verwendet:
  En este momento, los mejillones están a 4 euros el kilo. *Im Moment kostet das Kilo Muscheln 4 Euro.*)

Das Verb **estar** wird gebraucht:
- zur Angabe des Ortes mit bestimmtem Artikel:
  Los niños están en el colegio. *Die Kinder sind in der Schule.*
- um das persönliche Befinden auszudrücken:
  Hoy no estoy muy bien. *Heute geht es mir nicht sehr gut.*

⚡ **Ser** steht vor einem Substantiv mit oder ohne Präposition bzw. vor einem Adverb, **estar** dagegen vor einem Adverb oder einem präpositionalen Ausdruck, nie jedoch vor einem Substantiv. **Ser** und **estar** können auch in Verbindung mit einem Adjektiv verwendet werden:

- Adjektive, die charakteristische Eigenschaften ausdrücken, werden mit ser verwendet:
  Rosa es muy alegre. *Rosa ist sehr fröhlich.*
- Adjektive, die einen vorübergehenden Zustand oder subjektive Einstellungen bezeichnen, werden mit estar verwendet:
  Felipe está muy alegre hoy. *Felipe ist heute sehr fröhlich.*

A2

Die Verbform hay wird gebraucht, um das Vorhandensein oder die Position eines Gegenstandes bzw. einer Person auszudrücken. Das Subjekt des Satzes steht entweder ohne Artikel oder wird von einem unbestimmten Artikel, einem Indefinit-pronomen oder einem Zahlwort begleitet:
En esta ciudad **hay** universidades muy buenas. *In dieser Stadt gibt es sehr gute Universitäten.*

⚡ Wenn vor dem Substantiv der bestimmte Artikel, ein Demonstrativ- oder ein Possessivpronomen steht, wird estar anstelle von hay verwendet:
El banco **está** en la esquina. *Die Bank ist an der Ecke.*

1.2 Das Modal- und Hilfsverb

A1

ⓘ Modalverben stehen vor dem Infinitiv eines Vollverbs und drücken aus, in welchem Verhältnis das Satzsubjekt zur Satzaussage steht:

- poder *können*, dürfen (Möglichkeit, Erlaubnis):
  No **puedo** venir mañana. *Morgen kann ich nicht kommen.*
- saber *können* (geistige, erlernte Fähigkeit):
  ¿**Sabes** manejar el ordenador? *Kannst du mit dem PC umgehen?*
- querer *wollen*:
  Quiero viajar a Cuba. *Ich will nach Kuba reisen.*
- tener que *müssen* (objektive Notwendigkeit):
  Tengo que trabajar el fin de semana. *Ich muss am Wochenende arbeiten.*
- **A2** deber *müssen/sollen* (Forderung, Vorschlag):
  Deberías dormir más. *Du solltest mehr schlafen.*
- soler *pflegen zu* (gewöhnliche Handlung):
  Suelo leer por las noches. *Ich lese normalerweise abends.*

⚡ Im Gegensatz zum Deutschen gibt es im Spanischen nur das Hilfsverb haber *haben* für die Bildung der zusammengesetzten Zeiten:
He visto una película muy buena. *Ich habe einen sehr guten Film gesehen.*
Hemos ido al teatro. *Wir sind ins Theater gegangen.*

1.3 Das reflexive Verb

Formen
☼ Reflexive Verben werden mit Reflexivpronomen gebildet.

aburrirse *sich langweilen*	
(yo)	**me** aburro
(tú)	**te** aburres
(él, ella, usted)	**se** aburre
(nosotros/-as)	**nos** aburrimos
(vosotros/-as)	**os** aburrís
(ellos/-as, ustedes)	**se** aburren

Gebrauch
Wie die unbetonten Objektpronomen können Reflexivpronomen entweder an den Infinitiv angehängt werden oder vor der konjugierten Form des Verbs stehen:
Yo **me levanto** temprano. *Ich stehe früh auf.*
Hay que **levantarse**. *Man muss früh aufstehen.*

⚡ Einem reflexiven spanischen Verb entspricht nicht immer ein reflexives Verb im Deutschen:

llamarse	*heißen*
levantarse	*aufstehen*
despertarse	*aufwachen*

 1.4 Die unpersönlichen Formen

Im Spanischen gibt es folgende unpersönliche Verben bzw. Konstruktionen:
* Verben, die das Wetter beschreiben:
  Llueve. *Es regnet.* Hace frío. *Es ist kalt.* Nieva. *Es schneit.*
* es + Adjektiv + Infinitiv:
  Es imposible llegar a tiempo. *Es ist unmöglich, pünktlich zu kommen.*
* hay *es gibt* (▷ **1.1**)
* hay que + Infinitiv *man muss*:
  Hay que pagar la cuenta. *Man muss die Rechnung bezahlen.*
* Verben in der 3. Person Plural:
  Llamaron a tu hermano por teléfono. *Jemand hat deinen Bruder angerufen.*
* se + Verb:
  No **se hace** así. *Man macht das nicht so.*

• uno + Verb: **B1**

Uno nunca **sabe** lo que le espera. *Man weiß nie, was auf einen zukommt.*

⚡ Im Unterschied zu se wird uno/una verwendet, wenn der Sprecher sich selbst **B1**
mit einbezieht. Uno ist außerdem obligatorisch, wenn das Verb reflexiv ist:
Uno se duerme en clase. *Man schläft im Unterricht ein.*

② Der Indikativ **A1**

ℹ️ Der Indikativ ist der Modus der Wirklichkeit und der Tatsachen, die in der
Gegenwart (Präsens), der Vergangenheit (Perfekt, Indefinido, Imperfekt, Pretérito
anterior, Plusquamperfekt) und der Zukunft (Futur I und II) beschrieben werden.

2.1 Das Präsens **A1**

ℹ️ Mit dem Präsens werden Vorgänge oder Handlungen in der Gegenwart
geschildert.

Formen

☀️ Das Präsens der regelmäßigen Verben wird durch Anhängen der entsprechenden Endung an den Verbstamm gebildet.

	1. Konjugation **hablar** *sprechen*	2. Konjugation **beber** *trinken*	3. Konjugation **vivir** *leben*
(yo)	habl**o**	beb**o**	viv**o**
(tú)	habl**as**	beb**es**	viv**es**
(él, ella, usted)	habl**a**	beb**e**	viv**e**
(nosotros/-as)	habl**amos**	beb**emos**	viv**imos**
(vosotros/-as)	habl**áis**	beb**éis**	viv**ís**
(ellos/-as, ustedes)	habl**an**	beb**en**	viv**en**

Die Höflichkeitsform wird im Singular mit usted und der 3. Person Singular gebil-
det, im Plural mit ustedes und der 3. Person Plural:
¿Es usted de España? *Sind Sie aus Spanien?*
¿Ustedes hablan español? *Sprechen Sie Spanisch?*

⚡ Die Personalpronomen werden in der Regel nur für eine besondere Betonung
verwendet.

◐ Ausnahmen:
Einige Verben haben eine Stammvokalveränderung in den stammbetonten Formen. Bei der 1. und 2. Person Plural fällt die Betonung nicht auf den Verbstamm.

-e → -ie **cerrar** *schließen*	-o → -ue **dormir** *schlafen*	-e → -i A2 **pedir** *bitten*
cierro	duermo	pido
cierras	duermes	pides
cierra	duerme	pide
cerramos	dormimos	pedimos
cerráis	dormís	pedís
cierran	duermen	piden

Bei einer Reihe von Verben ist nur die 1. Person Singular unregelmäßig:
* conocer *kennen*: conozco, conoces, conoce usw.
* A2 traer *herbringen*: traigo, traes, trae usw. (ebenso: caer *fallen*)
* salir *hinausgehen*: salgo, sales, sale usw. (ebenso: valer *kosten*, *wert sein*)
* dar *geben*: doy, das, da usw. (ebenso: estar *sich befinden*)

A2 Verben mit Veränderungen in der Schreibweise:
* Bei Verben auf -uir wird in den stammbetonten Formen ein -y eingefügt:
  influir *beeinflussen* → influyo.
* Bei Verben auf -guir fällt vor der Endung -o das -u weg:
  seguir *folgen* → sigo.
* Bei Verben auf -cer (nach Konsonant) wird vor der Endung -o das -c zu -z:
  B1 vencer *siegen* → venzo.
* Bei Verben auf -ger und -gir wird vor der Endung -o das -g zu -j:
  coger *nehmen* → cojo.
* Bei Verben auf -iar und -uar trägt das -i bzw. das -u in den stammbetonten
  Formen einen Akzent:
  B1 enviar *schicken* → envío, B1 continuar *fortfahren* → continúo.

Gebrauch

Das Präsens beschreibt Ereignisse und Handlungen in der Gegenwart:
María **está** bastante cansada. *María ist ziemlich müde.*

A2 Es beschreibt auch feste Pläne in der Zukunft:
Mañana **vamos** al teatro. *Morgen gehen wir ins Kino.*

B2 Man verwendet es bei Aufforderungssätzen:
Ahora **te pones** a estudiar. *Jetzt fängst du an zu lernen.*

2.2 Die Vergangenheit

2.2.1 Das Perfekt

Formen
☼ Das Perfekt wird mit dem Präsens des Hilfsverbs haber *haben* und dem Partizip gebildet:

		hablar *sprechen*	beber *trinken*	vivir *leben*
(yo)	he	hablado	bebido	vivido
(tú)	has	hablado	bebido	vivido
(él, ella, usted)	ha	hablado	bebido	vivido
(nosotros/-as)	hemos	hablado	bebido	vivido
(vosotros/-as)	habéis	hablado	bebido	vivido
(ellos/-as, ustedes)	han	hablado	bebido	vivido

⚡ Das Perfekt wird ausschließlich mit haber *haben* gebildet:
He ido al cine. *Ich bin ins Kino gegangen.*

Gebrauch
Das Perfekt wird für abgeschlossene Handlungen oder Vorgänge verwendet, die innerhalb eines noch nicht beendeten Zeitraums stattgefunden haben oder noch einen Bezug zur Gegenwart haben.

Das Perfekt wird meist von folgenden Zeitangaben begleitet:

hoy *heute*, esta mañana *heute Morgen*, esta semana *diese Woche*, este año *dieses Jahr*, hasta ahora *bis jetzt*, alguna vez *einmal*, todavía no *noch nicht*, nunca *nie*

Este año **he leído** mucho. *Dieses Jahr habe ich viel gelesen.*
¿Has estado alguna vez en Caracas? *Bist du schon mal in Caracas gewesen?*

ℹ In vielen Regionen Spaniens und in Lateinamerika wird das Indefinido anstelle des Perfekts verwendet.

2.2.2 Das Indefinido (historische Vergangenheit)

Formen
☼ Die regelmäßigen Verben werden gebildet, indem die Endungen des Indefinido an den Verbstamm angehängt werden.

	hablar *sprechen*	**beber** *trinken*	**vivir** *leben*
(yo)	habl**é**	beb**í**	viv**í**
(tú)	habl**aste**	beb**iste**	viv**iste**
(él, ella, usted)	habl**ó**	beb**ió**	viv**ió**
(nosotros/-as)	habl**amos**	beb**imos**	viv**imos**
(vosotros/-as)	habl**asteis**	beb**isteis**	viv**isteis**
(ellos/-as, ustedes)	habl**aron**	beb**ieron**	viv**ieron**

⚡ Die Betonung der regelmäßigen Formen im Indefinido liegt immer auf der Endung und nie auf dem Stamm, z. B.: **can**tar → cant**é**.

◑ Ausnahmen:

B1 Bei einigen Verben auf -ir verändert sich in der 3. Person Singular und Plural der Stammvokal:

-e → -i **pedir** *bitten*	**-o → -u** **dormir** *schlafen*
ped**í**	dorm**í**
pediste	dormiste
p**i**dió	d**u**rmió
pedimos	dormimos
pedisteis	dormisteis
p**i**dieron	d**u**rmieron

B1 Eine Reihe von Verben hat im Indefinido einen neuen Stamm. Unabhängig davon, ob sie zur 1., 2. oder 3. Konjugation gehören, enden diese Verben auf **-e, -iste, -o, -imos, -isteis, -(i)eron**:

Infinitiv	Indefinido-Stamm	konjugiertes Verb
estar *sein*	estuv-	estuv**e**, estuv**iste**, estuv**o** …
hacer *machen*	hic-	hic**e**, hic**iste**, hiz**o** …
decir *sagen*	dij-	dij**e**, dij**iste**, dij**o** …
poder *können*	pud-	pud**e**, pud**iste**, pud**o** …
poner *setzen, stellen, legen*	pus-	pus**e**, pus**iste**, pus**o** …
querer *wollen*	quis-	quis**e**, quis**iste**, quis**o** …
saber *erfahren*	sup-	sup**e**, sup**iste**, sup**o** …
tener *haben*	tuv-	tuv**e**, tuv**iste**, tuv**o** …
traer *herbringen*	traj-	traj**e**, traj**iste**, traj**o** …
venir *kommen*	vin-	vin**e**, vin**iste**, vin**o** …

⚡ Bei den Verben, die im neuen Stamm ein **-j** haben, fällt das **-i** der Endung bei der 3. Person Plural weg: **decir → dijeron**.

Bei einigen Verben verändert sich die Schreibweise:
- Bei Verben auf **-eer**, **-uir**, **-aer** und dem Verb **oír** *hören* wird in der 3. Person Singular und Plural das unbetonte **-i** zwischen zwei Vokalen zu **-y**:
  leer *lesen* → **(él) leyó, (ellos) leyeron**.

⚡ Es gibt eine Reihe von Verben, bei denen nur die 1. Person Singular unregelmäßig ist:
- Bei Verben auf **-gar** wird vor der Endung **-é** das **-g** zu **-gu**:
  llegar *ankommen* → **llegué**.
- Bei Verben auf **-car** wird vor der Endung **-é** das **-c** zu **-qu**:
  buscar *suchen* → **busqué**.
- Bei Verben auf **-zar** wird vor der Endung **-é** das **-z** zu **-c**:
  empezar *anfangen* → **empecé**.
- Bei Verben auf **-guar** wird vor der Endung **-é** das **-u** zu **-ü**:
  averiguar *herausfinden* → **averigüé**.

Gebrauch

Das Indefinido wird für Handlungen oder Vorgänge verwendet, die zu einem bestimmten Zeitpunkt oder innerhalb eines abgeschlossenen Zeitraums in der Vergangenheit stattgefunden haben.

Häufige Zeitangaben beim Indefinido sind **ayer** *gestern*, **la semana pasada** *vergangene Woche*, **el año pasado** *letztes Jahr*:
Ayer traté de llamarla. *Gestern versuchte ich, sie anzurufen.*
La semana pasada perdí el avión. *Vergangene Woche verpasste ich das Flugzeug.*

2.2.3 Das Imperfekt

Formen

	hablar *sprechen*	**beber** *trinken*	**vivir** *leben*
(yo)	habl**aba**	beb**ía**	viv**ía**
(tú)	habl**abas**	beb**ías**	viv**ías**
(él, ella, usted)	habl**aba**	beb**ía**	viv**ía**
(nosotros/-as)	habl**ábamos**	beb**íamos**	viv**íamos**
(vosotros/-as)	habl**abais**	beb**íais**	viv**íais**
(ellos/-as, ustedes)	habl**aban**	beb**ían**	viv**ían**

◗ Ausnahmen:

> ser *sein*: era, eras, era, éramos, erais, eran
> ir *gehen, fahren*: iba, ibas, iba, íbamos, ibais, iban
> ver *sehen*: veía, veías, veía, veíamos, veíais, veían

Gebrauch

Das Imperfekt wird verwendet:
- zur Wiedergabe von Gewohnheiten und sich wiederholenden Vorgängen in der Vergangenheit:
  Cuando era joven **fumaba** mucho. *Als ich jung war, **rauchte ich** viel.*
- zur Beschreibung von Sachen, Personen:
  De niña **se parecía** mucho a su madre. *Als Kind **glich sie** ihrer Mutter **sehr**.*
- **B1** • für Handlungen, die in der Vergangenheit gleichzeitig abliefen:
  Mientras ellos **dormían,** yo **preparaba** el desayuno. *Während sie **schliefen**, **bereitete** ich das Frühstück **vor**.*
- **B1** • um höflich nach etwas zu fragen:
  Buenos días, **quería** unas gafas de sol. *Guten Tag, **ich hätte gerne** eine Sonnenbrille.*

B1 ## 2.2.4 Das Plusquamperfekt

Formen

☼ Das Plusquamperfekt wird mit dem Imperfekt des Hilfsverbs haber *haben* und dem Partizip gebildet:

		hablar *sprechen*	beber *trinken*	vivir *leben*
(yo)	había	hablado	bebido	vivido
(tú)	habías	hablado	bebido	vivido
(él, ella, usted)	había	hablado	bebido	vivido
(nosotros/-as)	habíamos	hablado	bebido	vivido
(vosotros/-as)	habíais	hablado	bebido	vivido
(ellos/-as, ustedes)	habían	hablado	bebido	vivido

Gebrauch

Das Plusquamperfekt wird für Handlungen oder Ereignisse verwendet, die bereits in der Vergangenheit abgeschlossen waren:
Cuando la encontré, ya **había comprado** el piso. *Als ich sie traf, **hatte sie** die Wohnung bereits **gekauft**.*

2.2.5 Das Pretérito anterior · B2

Formen

☼ Das Pretérito anterior wird mit dem Indefinido des Hilfsverbs haber *haber.* und dem Partizip gebildet:

		hablar *sprechen*	beber *trinken*	vivir *leben*
(yo)	**hube**	hablado	bebido	vivido
(tú)	**hubiste**	hablado	bebido	vivido
(él, ella, usted)	**hubo**	hablado	bebido	vivido
(nosotros/-as)	**hubimos**	hablado	bebido	vivido
(vosotros/-as)	**hubisteis**	hablado	bebido	vivido
(ellos/-as, ustedes)	**hubieron**	hablado	bebido	vivido

Gebrauch

Wie das Plusquamperfekt beschreibt das Pretérito anterior Handlungen oder Ereignisse, die bereits in der Vergangenheit abgeschlossen waren, bevor eine andere vergangene Handlung eingetreten ist. Das Pretérito anterior ist eine veraltete Form, die im heutigen Spanischen kaum verwendet wird:

Lo **hubo encontrado** ya antes de que yo llegara. *Er hatte es schon **gefunden**, bevor ich angekommen war.*

2.3 Das Futur · B1

2.3.1 Das Futur I · A1

Formen

☼ Das Futur I wird gebildet, indem die Futurendungen direkt an den Infinitiv angehängt werden. Alle Konjugationen haben die gleichen Endungen:

	hablar *sprechen*	beber *trinken*	vivir *leben*
(yo)	hablar**é**	beber**é**	vivir**é**
(tú)	hablar**ás**	beber**ás**	vivir**ás**
(él, ella, usted)	hablar**á**	beber**á**	vivir**á**
(nosotros/-as)	hablar**emos**	beber**emos**	vivir**emos**
(vosotros/-as)	hablar**éis**	beber**éis**	vivir**éis**
(ellos/-as, ustedes)	hablar**án**	beber**án**	vivir**án**

⚡ Manche Verben bekommen im Futur einen neuen Stamm:

decir *sagen*	dir-	saber *wissen*	sabr-
hacer *machen*	har-	salir *hinausgehen*	saldr-
poder *können*	podr-	tener *haben*	tendr-
querer *wollen*	querr-	venir *kommen*	vendr-

Gebrauch

Das Futur I wird verwendet, um Vorgänge oder Handlungen zu beschreiben, die in der Zukunft liegen:

Me **devolverá** el dinero en marzo. *Er wird mir das Geld im März **zurückgeben**.*

⚡ Im Deutschen wird meist das Präsens verwendet, um eine zukünftige Handlung auszudrücken: *Er gibt mir das Geld im März **zurück**.*

Das Futur I wird auch verwendet, um eine Vermutung auszudrücken:

Estará enfermo. *Er wird wohl krank sein.*

 2.3.2 Das Futur II

Formen

☼ Das Futur II wird mit dem Futur I von haber *haben* und dem Partizip gebildet:

		hablar *sprechen*	**beber** *trinken*	**vivir** *leben*
(yo)	**habré**	hablado	bebido	vivido
(tú)	**habrás**	hablado	bebido	vivido
(él, ella, usted)	**habrá**	hablado	bebido	vivido
(nosotros/-as)	**habremos**	hablado	bebido	vivido
(vosotros/-as)	**habréis**	hablado	bebido	vivido
(ellos/-as, ustedes)	**habrán**	hablado	bebido	vivido

Gebrauch

Das Futur II wird für Handlungen verwendet, die abgeschlossen sein werden, wenn eine andere zukünftige Handlung eintritt:

Cuando volvamos a vernos, ya **habré terminado** la carrera. *Wenn wir uns wiedersehen, **werde ich** das Studium schon **beendet haben**.*

Das Futur II kann auch eine Vermutung über etwas ausdrücken, das in der Vergangenheit liegt:

Habrá olvidado la cita. *Sie wird die Verabredung wohl **vergessen haben**.*

2.4 Der Konditional   B1

2.4.1 Der Konditional I   A1

Formen

☀ Alle Konjugationen haben dieselben Endungen, die direkt an den Infinitiv angehängt werden:

	hablar *sprechen*	**beber** *trinken*	**vivir** *leben*
(yo)	hablar**ía**	beber**ía**	vivir**ía**
(tú)	hablar**ías**	beber**ías**	vivir**ías**
(él, ella, usted)	hablar**ía**	beber**ía**	vivir**ía**
(nosotros/-as)	hablar**íamos**	beber**íamos**	vivir**íamos**
(vosotros/-as)	hablar**íais**	beber**íais**	vivir**íais**
(ellos/-as, ustedes)	hablar**ían**	beber**ían**	vivir**ían**

◑ Ausnahmen:
Einige Verben haben im Konditional den gleichen unregelmäßigen Stamm wie im Futur I (▷ 2.3.1): poder *können* → podría, saber *wissen* → sabría etc.

Gebrauch

Der Konditional I wird gebraucht:
- um eine höfliche Bitte oder einen Wunsch auszudrücken:
  ¿**Podría** cerrar la puerta? *Könnten Sie die Tür schließen?*
- um eine Vermutung in der Vergangenheit auszudrücken:
  No te **contestaría** porque estaba durmiendo. *Er hat dir wahrscheinlich nicht geantwortet, weil er schlief.*
- in der indirekten Rede:
  Juan me preguntó que cuándo **volvería**. *Juan fragte mich, wann ich zurückkommen würde.*
- im Hauptsatz eines irrealen Bedingungssatzes. Im Nebensatz steht der Subjuntivo Imperfekt: B2
  Te **prestaría** el dinero si lo tuviera. *Ich würde dir das Geld leihen, wenn ich es hätte.*

2.4.2 Der Konditional II   B2

Formen

☀ Der Konditional II wird mit dem Konditional I des Hilfsverbs haber *haben* und dem Partizip gebildet:

		hablar *sprechen*	**beber** *trinken*	**vivir** *leben*
(yo)	**habría**	habl**ado**	beb**ido**	viv**ido**
(tú)	**habrías**	habl**ado**	beb**ido**	viv**ido**
(él, ella, usted)	**habría**	habl**ado**	beb**ido**	viv**ido**
(nosotros/-as)	**habríamos**	habl**ado**	beb**ido**	viv**ido**
(vosotros/-as)	**habríais**	habl**ado**	beb**ido**	viv**ido**
(ellos/-as, ustedes)	**habrían**	habl**ado**	beb**ido**	viv**ido**

Gebrauch

Der Konditional II steht im Hauptsatz eines irrealen Bedingungssatzes, wenn eine Handlung nicht verwirklicht werden konnte:

Si hubiera tenido dinero, **habría hecho** el viaje. *Wenn ich Geld gehabt hätte, hätte ich die Reise gemacht.*

B1 (3) Der Subjuntivo

B1 3.1 Der Subjuntivo Präsens

Formen

☼ Ausgangsform für den Subjuntivo Präsens ist die 1. Person Singular des Indikativs Präsens: **habl**o, **beb**o, **viv**o.

	hablar *sprechen*	**beber** *trinken*	**vivir** *leben*
(yo)	habl**e**	beb**a**	viv**a**
(tú)	habl**es**	beb**as**	viv**as**
(él, ella, usted)	habl**e**	beb**a**	viv**a**
(nosotros/-as)	habl**emos**	beb**amos**	viv**amos**
(vosotros/-as)	habl**éis**	beb**áis**	viv**áis**
(ellos/-as, ustedes)	habl**en**	beb**an**	viv**an**

◑ Ausnahmen:
Im Subjuntivo gibt es die gleichen Stammvokalveränderungen wie im Indikativ Präsens (▷ 2.1): -e → -i, -e → -ie, -o → -ue, -u → -ue.

⚡ Bei den Verben auf **-ir** ist allerdings zu beachten, dass in der 1. und 2. Person Plural zusätzlich **-e** zu **-i** bzw. **-o** zu **-u** wird:
pedir *bitten* → p**i**damos, p**i**dáis;
dormir *schlafen* → d**u**rmamos, d**u**rmáis.

⚡ Verben, die im Indikativ Präsens eine unregelmäßige 1. Person Singular haben, behalten die Unregelmäßigkeit in allen Personen des Subjuntivo Präsens bei (▷ 2.1).

3.2 Der Subjuntivo der Vergangenheit

3.2.1 Der Subjuntivo Imperfekt

Formen

☼ Der Subjuntivo Imperfekt wird von der 3. Person Plural des Indefinido abgeleitet: **habla**ron, **bebie**ron, **vivie**ron. An diesen Stamm werden die entsprechenden Endungen angehängt. ❶ Es gibt jeweils zwei Endungen, die alternativ verwendet werden.

	hablar *sprechen*	**beber** *trinken*	**vivir** *leben*
(yo)	habla**ra/-se**	bebie**ra/-se**	vivie**ra/-se**
(tú)	habla**ras/-ses**	bebie**ras/-ses**	vivie**ras/-ses**
(él, ella, usted)	habla**ra/-se**	bebie**ra/-se**	vivie**ra/-se**
(nosotros/-as)	hablá**ramos/ -semos**	bebié**ramos/ -semos**	vivié**ramos/ -semos**
(vosotros/-as)	habla**rais/-seis**	bebie**rais/-seis**	vivie**rais/-se s**
(ellos/-as, ustedes)	habla**ran/-sen**	bebie**ran/-sen**	vivie**ran/-sen**

3.2.2 Der Subjuntivo Perfekt

Formen

☼ Der Subjuntivo Perfekt wird mit dem Subjuntivo Präsens von haber *haben* und dem Partizip gebildet.

		hablar *sprechen*	**beber** *trinken*	**vivir** *leben*
(yo)	**haya**	habla**do**	bebi**do**	vivi**do**
(tú)	**hayas**	habla**do**	bebi**do**	vivi**do**
(él, ella, usted)	**haya**	habla**do**	bebi**do**	vivi**do**
(nosotros/-as)	**hayamos**	habla**do**	bebi**do**	vivi**do**
(vosotros/-as)	**hayáis**	habla**do**	bebi**do**	vivi**do**
(ellos/-as, ustedes)	**hayan**	habla**do**	bebi**do**	vivi**do**

3.2.3 Der Subjuntivo Plusquamperfekt

Formen

☼ Der Subjuntivo Plusquamperfekt wird mit dem Subjuntivo Imperfekt von haber *haben* und dem Partizip gebildet:

		hablar *sprechen*	**beber** *trinken*	**vivir** *leben*
(yo)	**hubiera/-se**	hablado	bebido	vivido
(tú)	**hubieras/-ses**	hablado	bebido	vivido
(él, ella, usted)	**hubiera/-se**	hablado	bebido	vivido
(nosotros/-as)	**hubiéramos/-semos**	hablado	bebido	vivido
(vosotros/-as)	**hubierais/-seis**	hablado	bebido	vivido
(ellos/-as, ustedes)	**hubieran/-sen**	hablado	bebido	vivido

ⓘ Wie im Subjuntivo Imperfekt gibt es hier zwei Formen, die alternativ gebraucht werden.

 3.3 Der Gebrauch des Subjuntivo

⚡ Während der Indikativ Handlungen oder Zustände als objektive Tatsachen darstellt, drückt der Subjuntivo subjektive Einstellungen aus. Aussagen im Subjuntivo verweisen auf die persönliche Einstellung des Sprechenden.

Der Subjuntivo kann in Hauptsätzen zum Ausdruck von Vermutungen gebraucht werden:
Quizás no **haya pasado** el examen. *Vielleicht hat er die Prüfung nicht bestanden.*

Der Subjuntivo wird auch in unabhängigen Sätzen verwendet, um Wünsche oder Hoffnungen auszudrücken:

¡Que te mejores!	*Gute Besserung!*
¡Que aproveche!	*Guten Appetit!*
¡Ojalá que nos veamos pronto!	*Hoffentlich sehen wir uns bald!*

Abgesehen davon wird der Subjuntivo fast nur in Nebensätzen verwendet und steht nach der Konjunktion que:
- nach Verben der Willensäußerung (z. B. Wunsch, Befehl, Vorschlag, Verbot usw.): Queremos que nos **ayuden**. *Wir wollen, dass sie uns helfen.*
- nach Verben der Gefühlsäußerung (z. B. Freude, Angst, Bedauern usw.): Siento que no **puedas** acompañarme. *Ich bedaure, dass du mich nicht begleiten kannst.*

- nach einer verneinten Stellungnahme (z. B. Verben des Sagens, Denkens):
  No digo que **tengas** razón. *Ich sage nicht, dass **du** recht **hast**.*
- nach unpersönlichen Ausdrücken, die eine Stellungnahme beinhalten:
  Es importante que **habléis** con ellos. *Es ist wichtig, dass **ihr** mit ihnen **redet**.*

Bestimmte Konjunktionen erfordern den Subjuntivo:

> para que *damit*, **B2** antes de que *bevor*, **B2** sin que *ohne, dass*, **B2** a no ser
> que *es sei denn*, **B2** en caso de que *falls*, mientras *solange*

Nach cuando *wenn, als*, después de que *nachdem*, aunque *obwohl, selbst*
wenn und hasta que *bis* kann der Subjuntivo oder der Indikativ stehen. Hat eine
Handlung bereits stattgefunden, verwendet man den Indikativ. Wird ein unge-
wisser Zeitpunkt in der Zukunft ausgedrückt, steht der Subjuntivo:
Cuando llegó **fui** a buscarla. *Als sie ankam, **ging ich** sie abholen.*
Cuando llegue **iré** a buscarla. *Wenn sie ankommt, **werde ich** sie abholen **gehen**.*

Der Subjuntivo steht bei Bedingungssätzen im Nebensatz, wenn die Bedingung
nicht erfüllt wurde. Bezieht sich der Bedingungssatz auf die Gegenwart oder die
Zukunft, wird der Subjuntivo Imperfekt verwendet; bezieht er sich auf die Vergangenheit, steht der Subjuntivo Plusquamperfekt:
Si no **lloviera**, daríamos un paseo. *Wenn es nicht **regnen würde**, würden wir
einen Spaziergang machen.*
Si no **hubiera llovido**, habríamos dado un paseo. *Wenn es nicht **geregnet
hätte**, hätten wir einen Spaziergang gemacht.*

Der Subjuntivo steht in Relativsätzen, die eine Bedingung oder einen Wunsch
enthalten:
Buscamos un hotel que **esté** en el centro. *Wir suchen ein Hotel, das im Zer-
trum ist.*

④ Der Imperativ

Formen

	hablar *sprechen*	beber *trinken*	escribir *schreiben*
(tú)	¡habl**a**!	¡beb**e**!	¡escrib**e**!
(usted)	¡habl**e**!	¡beb**a**!	¡escrib**a**!
(nosotros/-as)	¡habl**emos**!	¡beb**amos**!	¡escrib**amos**!
(vosotros/-as)	¡habl**ad**!	¡beb**ed**!	¡escrib**id**!
(ustedes)	¡habl**en**!	¡beb**an**!	¡escrib**an**!

☼ Nur die 2. Person Singular und Plural hat eine eigene Imperativform. Für die anderen Personen werden die entsprechenden Formen des Subjuntivo Präsens verwendet. Dies gilt auch für alle Personen des verneinten Imperativs:

B1 ¡no hab**les**!, ¡no hab**le**!, ¡no hab**lemos**!, ¡no hab**léis**!, ¡no hab**len**! (▷ 3.1).

Die Verben, die im Präsens Stammvokalveränderungen haben, behalten diese im Imperativ bei (▷ 3.1):

pensar *denken* → ¡p**ie**nsa!, ¡p**ie**nse!, ¡pensemos!, ¡pensad!, ¡p**ie**nsen!
volver *zurückkehren* → ¡v**ue**lve!, ¡v**ue**lva!, ¡volvamos!, ¡volved!, ¡v**ue**lvan!

Folgende Verben haben eine unregelmäßige 2. Person Singular:

decir	sagen	→	¡di!
hacer	machen	→	¡haz!
ir	gehen, fahren, fliegen	→	¡ve!
poner	setzen, stellen, legen	→	¡pon!
salir	hinausgehen	→	¡sal!
ser	sein	→	¡sé!
tener	haben	→	¡ten!
venir	kommen	→	¡ven!

Die unregelmäßigen Höflichkeitsformen sowie die Formen der 1. Person Plural sind durch die Unregelmäßigkeiten des Subjuntivo bedingt:

	decir *sagen*	**hacer** *machen*
(tú)	¡di!	¡haz!
(usted)	¡diga!	¡haga!
(nosotros/-as)	¡digamos!	¡hagamos!
(vosotros/-as)	¡decid!	¡haced!
(ustedes)	¡digan!	¡hagan!

Gebrauch

Der Imperativ wird hauptsächlich für Aufforderungen, Ratschläge und Einladungen gebraucht.

B1 ⚡ Die Reflexivpronomen werden beim bejahten Imperativ an das Verb angehängt. Dabei entfällt in der 1. Person Plural das -s der Endung und in der 2. Person Plural das -d: Sentemos + nos → ¡Sentémo**nos**! *Setzen wir uns!*

👉 In der gesprochenen Sprache wird auch der Infinitiv als Imperativ verwendet: ¡Levantaros! *Aufstehen!*

⑤ Der Infinitiv

B1

ⓘ Der Infinitiv ist die Grundform des Verbs und in Person und Numerus unveränderlich: hablar *sprechen*, beber *trinken*, vivir *leben*.

Formen
Man unterscheidet zwischen dem einfachen und dem zusammengesetzten Infinitiv: comer *essen*, habiendo comido *gegessen haben*.

Gebrauch
Der einfache Infinitiv drückt eine allgemeine Handlung aus. Der zusammengesetzte Infinitiv bezeichnet eine allgemeine Handlung, die abgeschlossen ist.

ⓘ Der Infinitiv kommt im Spanischen häufig in verbalen Umschreibungen vor:

ir a	+ Infinitiv	*etw. tun werden*
acabar de	+ Infinitiv	*gerade etw. getan haben*
dejar de	+ Infinitiv	*aufhören, etw. zu tun*
ponerse a	+ Infinitiv	*anfangen, etw. zu tun*
llegar a	+ Infinitiv	*schließlich etw. erreichen*

⑥ Das Partizip

A2

Formen

hablar *sprechen*	beber *trinken*	vivir *leben*
hablado	bebido	vivido

 Einige Verben haben ein unregelmäßiges Partizip:
abrir *öffnen* → abierto *geöffnet*, cubrir *decken* → cubierto *gedeckt*, decir *sagen* → dicho *gesagt*, escribir *schreiben* → escrito *geschrieben*, hacer *machen* → hecho *gemacht*, poner *stellen* — puesto *gestellt*, romper *zerbrechen* → roto *zerbrochen*, ver *sehen* → visto *gesehen*, volver *zurückkommen* → vuelto *zurückgekommen*.

Gebrauch
Das Partizip wird in folgenden Fällen verwendet:
• mit dem Hilfsverb haber *haben* zur Bildung der zusammengesetzten Zeiten
  Das Partizip ist unveränderlich:
  Hemos trabajado todo el día. *Wir haben den ganzen Tag gearbeitet.*

- mit dem Hilfsverb **ser** *sein* bzw. **estar** *sein, sich befinden* zur Bildung des Passivs (▷ **8**). Das Partizip ist veränderlich:
  La ciudad fue fundada hace 200 años. *Die Stadt **wurde** vor 200 Jahren gegründet.*

 7 Das Gerund

ℹ Das spanische Gerund ist eine unveränderliche Form des Verbs, für die es im Deutschen keine direkte Entsprechung gibt.

Formen
Es gibt zwei Formen des Gerunds: eine einfache und eine zusammengesetzte, die mit dem Hilfsverb **haber** *haben* und dem Partizip gebildet wird:

	hablar *sprechen*	**beber** *trinken*	**vivir** *leben*
einfach	habl**ando**	beb**iendo**	viv**iendo**
zusammengesetzt	hab**iendo** hablado	hab**iendo** bebido	hab**iendo** vivido

◑ Ausnahmen:
Bei allen Verben auf **-ir**, bei denen im Präsens der Stammvokal **-e** zu **-ie** oder **-i** wird, wird im Gerund ebenfalls das **-e** zu **-i**: **pedir** *bitten* → **pidiendo**.

Bei einigen Verben wird das **-o** im Stamm zu **-u**:
poder *können* → **pudiendo**, **dormir** *schlafen* → **durmiendo**.

Bei den Verben auf **-er** und **-ir**, die im Infinitiv zwei aufeinanderfolgende Vokale haben, wird das **-i** der Endung durch ein **-y** ersetzt: **creer** *glauben* → **creyendo**.

Gebrauch
Das Gerund wird als Verkürzung eines Nebensatzes verwendet. Die zusammengesetzte Form bezeichnet eine abgeschlossene Handlung:
Cogiendo su bolso se marchó. *Sie **nahm** ihre Tasche und ging.*
Habiendo cogido su bolso se marchó. *Nachdem sie ihre Tasche **genommen hatte**, ging sie.*

☀ Wie der Infinitiv tritt auch das Gerund in verbalen Umschreibungen auf:

estar	+ Gerund	*gerade etw. tun*
seguir	+ Gerund	*fortfahren, etw. zu tun*
llevar	+ Gerund	*seit einer gewissen Zeit etw. tun*
empezar	+ Gerund	*anfangen, etw. zu tun*

8 Das Passiv

ℹ Das Passiv wird im Spanischen hauptsächlich in der gehobenen Schriftsprache verwendet. Es dient dazu, das Objekt einer Handlung zu betonen. Man unterscheidet zwischen dem Vorgangs- und dem Zustandspassiv. Beim Zustandspassiv ist das Ergebnis der Handlung relevant.

Formen

☼ Das Passiv wird mit ser *sein* bzw. estar *sein, sich befinden* und dem Partizip gebildet. Das Partizip richtet sich in Genus und Numerus nach dem Subjekt:

Vorgangspassiv (**ser**) Präsens von **invitar** *ich werde eingeladen*	Zustandspassiv (**estar**) Präsens von **invitar** *ich bin eingeladen*
soy invitado/-a eres invitado/-a es invitado/-a somos invitados/-as sois invitados/-as son invitados/-as	estoy invitado/-a estás invitado/-a está invitado/-a estamos invitados/-as estáis invitados/-as están invitados/-as

Gebrauch

Beim Passiv tritt der Urheber einer Handlung in den Hintergrund und das Objekt in den Vordergrund:
El libro será publicado en diciembre. *Das Buch wird im Dezember veröffentlicht.*

Wenn der Urheber der Handlung erwähnt werden soll, verwendet man im Spanischen die Präposition por:
El libro será publicado **por una gran editorial**. *Das Buch wird von einem großen Verlag veröffentlicht.*

➡ Das Passiv kommt in der spanischen Umgangssprache selten vor. Es wird häufig durch eine reflexive Verbform in der 3. Person Singular oder Plural oder durch unpersönliche Konstruktionen ersetzt (▷ 1.4):
Las patatas **se cortan** en rodajas finas. *Die Kartoffeln werden in dünne Scheiben geschnitten.*

ser *sein*

Indicativo

Presente
soy
eres
es
somos
sois
son

Perfecto
he sido
has sido
ha sido
hemos sido
habéis sido
han sido

Imperfecto
era
eras
era
éramos
erais
eran

Pluscuamperfecto
había sido
habías sido
había sido
habíamos sido
habíais sido
habían sido

Indefinido
fui
fuiste
fue
fuimos
fuisteis
fueron

Pretérito anterior
hube sido
hubiste sido
hubo sido
hubimos sido
hubisteis sido
hubieron sido

Futuro simple
seré
serás
será
seremos
seréis
serán

Futuro compuesto
habré sido
habrás sido
habrá sido
habremos sido
habréis sido
habrán sido

Subjuntivo

Presente
sea
seas
sea
seamos
seáis
sean

Imperfecto
fuera/fuese
fueras/fueses
fuera/fuese
fuéramos/fuésemos
fuerais/fueseis
fueran/fuesen

Perfecto
haya sido
hayas sido
haya sido
hayamos sido
hayáis sido
hayan sido

Pluscuamperfecto
hubiera sido
hubieras sido
hubiera sido
hubiéramos sido
hubierais sido
hubieran sido

Condicional

Simple
sería
serías
sería
seríamos
seríais
serían

Compuesto
habría sido
habrías sido
habría sido
habríamos sido
habríais sido
habrían sido

Imperativo
(tú) sé
(usted) sea
(nosotros) seamos
(vosotros) sed
(ustedes) sean

Infinitivo compuesto
haber sido

Gerundio

Simple
siendo

Compuesto
habiendo sido

Participio
sido

Anwendungsbeispiele

Esta **es** Raquel. *Das ist Raquel.*
Es colombiana. *Sie ist Kolumbianerin.*
Somos ingenieros. *Wir sind Ingenieure.*
El diccionario **es de** Juan. *Das Wörterbuch gehört Juan.*
El jarrón **es de** porcelana. *Die Vase ist aus Porzellan.*
Tus vecinos **son** muy simpáticos. *Deine Nachbarn sind sehr sympathisch.*
Son las cinco. *Es ist fünf Uhr.*
La reunión **es en** mi despacho. *Die Besprechung ist in meinem Zimmer.*
Haz lo que quieras, **es** igual. *Mach, was du willst, es ist egal.*

Witz

"Antes yo era una persona muy vanidosa. Ahora, no. Ahora soy perfecto."

Ähnliche Verben

estar *sein, sich befinden*
existir *existieren*

Gebrauch

Ser wird verwendet, um die Identität einer Person oder Sache zu bezeichnen
(▷ Grammatik rund ums Verb, **1.1**):
Felipe Hernández **es** mi profesor de español. *Felipe Hernández ist mein Spanisch-lehrer.*
Bei wesentlichen Eigenschaften wird ebenfalls ser verwendet:
Antes **era** vanidoso, ahora **soy** perfecto. *Früher war ich eingebildet, jetzt bin ich perfekt.*
Mit ser werden auch Datum und Uhrzeit angegeben:
Hoy **es** 14 de mayo. *Heute ist der 14. Mai.*
Als Hilfsverb wird ser für die Bildung des Passivs verwendet:
La casa **fue construida** por mi abuelo. *Das Haus wurde von meinem Großvater gebaut.*

Anmerkungen:

estar *sein, sich befinden*

Indicativo

Presente
estoy
estás
está
estamos
estáis
están

Perfecto
he estado
has estado
ha estado
hemos estado
habéis estado
han estado

Imperfecto
estaba
estabas
estaba
estábamos
estabais
estaban

Pluscuamperfecto
había estado
habías estado
había estado
habíamos estado
habíais estado
habían estado

Indefinido
estuve
estuviste
estuvo
estuvimos
estuvisteis
estuvieron

Pretérito anterior
hube estado
hubiste estado
hubo estado
hubimos estado
hubisteis estado
hubieron estado

Futuro simple
estaré
estarás
estará
estaremos
estaréis
estarán

Futuro compuesto
habré estado
habrás estado
habrá estado
habremos estado
habréis estado
habrán estado

Gerundio

Simple
estando

Compuesto
habiendo estado

Subjuntivo

Presente
esté
estés
esté
estemos
estéis
estén

Imperfecto
estuviera/estuviese
estuvieras/estuvieses
estuviera/estuviese
estuviéramos/estuviésemos
estuvierais/estuvieseis
estuvieran/estuviesen

Perfecto
haya estado
hayas estado
haya estado
hayamos estado
hayáis estado
hayan estado

Pluscuamperfecto
hubiera estado
hubieras estado
hubiera estado
hubiéramos estado
hubierais estado
hubieran estado

Participio
estado

Condicional

Simple
estaría
estarías
estaría
estaríamos
estaríais
estarían

Compuesto
habría estado
habrías estado
habría estado
habríamos estado
habríais estado
habrían estado

Imperativo
(tú) está
(usted) esté
(nosotros) estemos
(vosotros) estad
(ustedes) estén

Infinitivo compuesto
haber estado

Anwendungsbeispiele

La farmacia **está en** la calle Zamora. *Die Apotheke ist in der Zamorastraße.*
¡El cordero **está** muy bueno! *Das Lamm ist sehr gut!*
¿**Está** Pedro? *Ist Peter zu Hause?*
Estoy esperando a Alicia. *Ich warte gerade auf Alicia.*

 Redewendungen

estar sentado *sitzen*
estar tumbado *liegen*
estar de pie *stehen*
estar de mal humor *schlecht gelaunt sein*
estar de viaje *verreist sein*
estar de vacaciones *im Urlaub sein*
estar de paso *auf der Durchreise sein*
estar en huelga *streiken*
estar en paro *arbeitslos sein*

 Ähnliche Verben

ser *sein*
hay *es gibt*

⚡ **Gebrauch**

Estar beschreibt, wo jemand oder etwas sich befindet. Anders als ser *sein* wird estar außerdem für vorübergehende Tätigkeiten oder nicht dauerhafte Eigenschaften gebraucht (▷ Grammatik rund ums Verb, **1.1**):
Estoy de secretaria en prácticas. *Ich mache ein Praktikum als Sekretärin.*
Im Gegensatz zu der unpersönlichen Form hay *es gibt* wird estar bei Substantiven verwendet, die bekannt und bestimmt sind:
El banco no **está** lejos. *Die Bank ist nicht weit weg.*
Mit estar + Gerundio wird auch die spanische Verlaufsform gebildet:
Estoy pensando en ello. *Ich denke gerade darüber nach.*

‼️ **Tipps & Tricks**

Der Unterschied zwischen ser und estar ist für Nichtmuttersprachler besonders schwierig. Sehen Sie sich deshalb die Anwendungsbeispiele beider Verben genau an.

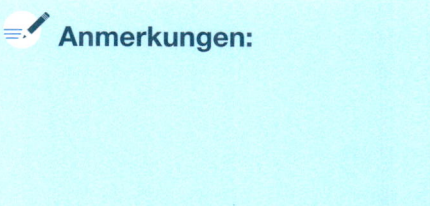
✎ **Anmerkungen:**

③ haber *haben*

Indicativo

Presente	Perfecto	
he	–	
has	–	
ha	ha	habido
hemos	–	
habéis	–	
han	–	

Imperfecto	Pluscuamperfecto	
había	–	
habías	–	
había	había	habido
habíamos	–	
habíais	–	
habían	–	

Indefinido	Pretérito anterior	
hube	–	
hubiste	–	
hubo	hubo	habido
hubimos	–	
hubisteis	–	
hubieron	–	

Futuro simple	Futuro compuesto	
habré	–	
habrás	–	
habrá	habrá	habido
habremos	–	
habréis	–	
habrán	–	

Gerundio

Simple	Compuesto	
habiendo	habiendo	habido

Subjuntivo

Presente	
haya	
hayas	
haya	
hayamos	
hayáis	
hayan	

Imperfecto	
hubiera/hubiese	
hubieras/hubieses	
hubiera/hubiese	
hubiéramos/hubiésemos	
hubierais/hubieseis	
hubieran/hubiesen	

Perfecto	
–	
–	
haya	habido
–	
–	
–	

Pluscuamperfecto	
–	
–	
hubiera	habido
–	
–	
–	

Participio

habido

Condicional

Simple
habría
habrías
habría
habríamos
habríais
habrían

Compuesto	
–	
–	
habría	habido
–	
–	
–	

Imperativo

–
–
–
–
–

Infinitivo compuesto

haber	habido

Anwendungsbeispiele

Hemos visto a María. *Wir haben María gesehen.*
He ido al cine. *Ich bin ins Kino gegangen.*
En Marbella **hay** muchos alemanes. *In Marbella gibt es viele Deutsche.*
Hay que terminar el informe. *Man muss den Bericht fertig schreiben.*
Han de tomar una decisión. *Sie müssen eine Entscheidung treffen.*
Hola, Pepe, ¿**qué hay**? *Hallo Pepe, was gibt's?*

„❝ Sprichwörter

De todo hay en la viña del Señor. *Es gibt nichts, was es nicht gibt.*
No hay rosas sin espinas. *Keine Rosen ohne Dornen.*
¡Cuidado! ¡Hay ropa tendida! *Achtung! Feind hört mit!*

 Ähnliche Verben

ser *sein*
estar *sein, sich befinden*
existir *existieren*

 Gebrauch

Haber ist ein Hilfsverb. Mit haber und einem Partizip werden die zusammengesetzten Zeiten gebildet (▷ Grammatik rund ums Verb, **1.1**):
Hemos vuelto esta mañana. *Wir sind heute Morgen zurückgekommen.*
Die unpersönliche Form hay entspricht dem deutschen *es gibt*. Hay kann man in
den verschiedenen Zeiten konjugieren, es ist jedoch in Person und Numerus
unveränderlich: había, habrá etc.
Hay kann ebenfalls eine örtliche Bedeutung haben. Im Unterschied zu estar *sein,
sich befinden* steht hay vor Substantiven, die unbestimmt sind:
¿**Hay** un banco aquí? *Ist hier eine Bank?*
Hay que, habría que stehen vor einem Infinitiv und bedeuten jeweils *man muss*
bzw. *man müsste, man sollte*:
Habría que limpiar las ventanas. *Man sollte die Fenster putzen.*

 **Tipps & Tricks**

Die Verben ser, estar, haber, hay
und tener entsprechen den deutschen
Verben *sein, haben, es gibt*. Lernen Sie
diese Verben am besten zusammen.

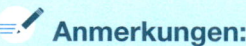 **Anmerkungen:**

(4) lavarse *sich waschen*

Indicativo

Presente

me	lavo
te	lavas
se	lava
nos	lavamos
os	laváis
se	lavan

Perfecto

me	he	lavado
te	has	lavado
se	ha	lavado
nos	hemos	lavado
os	habéis	lavado
se	han	lavado

Imperfecto

me	lavaba
te	lavabas
se	lavaba
nos	lavábamos
os	lavabais
se	lavaban

Pluscuamperfecto

me	había	lavado
te	habías	lavado
se	había	lavado
nos	habíamos	lavado
os	habíais	lavado
se	habían	lavado

Indefinido

me	lavé
te	lavaste
se	lavó
nos	lavamos
os	lavasteis
se	lavaron

Pretérito anterior

me	hube	lavado
te	hubiste	lavado
se	hubo	lavado
nos	hubimos	lavado
os	hubisteis	lavado
se	hubieron	lavado

Futuro simple

me	lavaré
te	lavarás
se	lavará
nos	lavaremos
os	lavaréis
se	lavarán

Futuro compuesto

me	habré	lavado
te	habrás	lavado
se	habrá	lavado
nos	habremos	lavado
os	habréis	lavado
se	habrán	lavado

Gerundio

Simple
lavándose

Compuesto
habiéndose lavado

Subjuntivo

Presente

me	lave
te	laves
se	lave
nos	lavemos
os	lavéis
se	laven

Imperfecto

me	lavara/lavase
te	lavaras/lavases
se	lavara/lavase
nos	laváramos/lavásemos
os	lavarais/lavaseis
se	lavaran/lavasen

Perfecto

me	haya	lavado
te	hayas	lavado
se	haya	lavado
nos	hayamos	lavado
os	hayáis	lavado
se	hayan	lavado

Pluscuamperfecto

me	hubiera	lavado
te	hubieras	lavado
se	hubiera	lavado
nos	hubiéramos	lavado
os	hubierais	lavado
se	hubieran	lavado

Participio

—

Condicional

Simple

me	lavaría
te	lavarías
se	lavaría
nos	lavaríamos
os	lavaríais
se	lavarían

Compuesto

me	habría	lavado
te	habrías	lavado
se	habría	lavado
nos	habríamos	lavado
os	habríais	lavado
se	habrían	lavado

Imperativo

(tú)	lávate
(usted)	lávese
(nosotros)	lavémonos
(vosotros)	lavaos
(ustedes)	lávense

Infinitivo compuesto

haberse lavado

Anwendungsbeispiele

Hay que **lavarse** los dientes antes de acostarse. *Man muss **sich** die Zähne putzen, bevor man ins Bett geht.*
Me gusta **lavarme con** agua fría. *Ich **wasche mich** gerne mit kaltem Wasser.*
Lávate las manos. *Wasch dir bitte die Hände.*

 Redewendungen

lavarse las manos *die Hände (in Unschuld) waschen*
lavarse el pelo *sich die Haare waschen*
lavarse de culpas *sich von Sünden befreien*

 Andere Verben

ensuciarse *sich schmutzig machen*
mancharse *sich beschmutzen*
ponerse perdido *sich sehr schmutzig machen*

 Aufgepasst!

Reflexive Verben werden immer von einem Reflexivpronomen begleitet. Das Pronomen steht meist vor dem Verb. Im Infinitivo, Imperativo und Gerundio wird es jedoch an das Verb direkt angehängt:
Presente: **me** lavo   Imperativo: lávate
Infinitivo: lavar**se**   Gerundio: lavándo**se**
Im bejahten Imperativ entfällt in der 1. Person Plural das -s der Endung und in der 2. Person Plural das -d vor dem Reflexivpronomen: lavémonos, lavaos.

Achtung: Wenn aber vor dem Infinitivo oder dem Gerundio ein Hilfsverb steht, kann das Pronomen auch vor dem Hilfsverb stehen:
estoy lavándome/me estoy lavando *ich wasche mich gerade,*
voy a lavarme/me voy a lavar *ich werde mich waschen.*
Abgesehen von dieser Besonderheit werden die reflexiven Verben wie die übrigen Verben der jeweiligen Konjugation konjugiert.

 Tipps & Tricks

Beachten Sie, dass viele Verben im Spanischen reflexiv sind, im Deutschen jedoch nicht: acostarse *ins Bett gehen,* despertarse *aufwachen,* dormirse *einschlafen,* ducharse *duschen,* levantarse *aufstehen,* olvidarse *vergessen.*

 **Anmerkungen:**

(5) ser recibido *empfangen werden*

Indicativo

Presente
soy	recibido		
eres	recibido		
es	recibido		
somos	recibidos		
sois	recibidos		
son	recibidos		

Perfecto
he	sido	recibido
has	sido	recibido
ha	sido	recibido
hemos	sido	recibidos
habéis	sido	recibidos
han	sido	recibidos

Imperfecto
era	recibido
eras	recibido
era	recibido
éramos	recibidos
erais	recibidos
eran	recibidos

Pluscuamperfecto
había	sido	recibido
habías	sido	recibido
había	sido	recibido
habíamos	sido	recibidos
habíais	sido	recibidos
habían	sido	recibidos

Indefinido
fui	recibido
fuiste	recibido
fue	recibido
fuimos	recibidos
fuisteis	recibidos
fueron	recibidos

Pretérito anterior
hube	sido	recibido
hubiste	sido	recibido
hubo	sido	recibido
hubimos	sido	recibidos
hubisteis	sido	recibidos
hubieron	sido	recibidos

Futuro simple
será	recibido
serás	recibido
será	recibido
seremos	recibidos
seréis	recibidos
serán	recibidos

Futuro compuesto
habré	sido	recibido
habrás	sido	recibido
habrá	sido	recibido
habremos	sido	recibidos
habréis	sido	recibidos
habrán	sido	recibidos

Gerundio

Simple
siendo	recibido

Compuesto
habiendo sido	recibido

Subjuntivo

Presente
sea	recibido
seas	recibido
sea	recibido
seamos	recibidos
seáis	recibidos
sean	recibidos

Imperfecto
fuera/-se	recibido
fueras/-ses	recibido
fuera/-se	recibido
fuéramos/-semos	recibidos
fuerais/-seis	recibidos
fueran/-sen	recibidos

Perfecto
haya	sido	recibido
hayas	sido	recibido
haya	sido	recibido
hayamos	sido	recibidos
hayáis	sido	recibidos
hayan	sido	recibidos

Pluscuamperfecto
hubiera	sido	recibido
hubieras	sido	recibido
hubiera	sido	recibido
hubiéramos	sido	recibidos
hubierais	sido	recibidos
hubieran	sido	recibidos

Participio
sido	recibido

Condicional

Simple
sería	recibido
serías	recibido
sería	recibido
seríamos	recibidos
seríais	recibidos
serían	recibidos

Compuesto
habría	sido	recibido
habrías	sido	recibido
habría	sido	recibido
habríamos	sido	recibidos
habríais	sido	recibidos
habrían	sido	recibidos

Imperativo
(tú)	sé	recibido
(usted)	sea	recibido
(nosotros)	seamos	recibidos
(vosotros)	sed	recibidos
(ustedes)	sean	recibidos

Infinitivo compuesto
haber sido recibido

ser recibido *empfangen werden*

 Anwendungsbeispiele

Los jugadores **fueron recibidos por** muchos seguidores. *Die Spieler **wurden** von vielen Anhängern **empfangen**.*

Tu opinión no **ha sido** bien **recibida**. *Deine Äußerung **wurde** nicht gut **aufgenommen**.*

 Redewendungen

ser recibido con entusiasmo *mit Begeisterung empfangen werden*
ser recibido con los brazos abiertos *mit offenen Armen empfangen werden*
ser recibido con aplausos *mit Beifall begrüßt werden*
ser recibido con mala cara *mit finsterer Miene empfangen werden*

 Ähnliche Verben

ser acogido *aufgenommen werden*
ser aceptado *akzeptiert werden*

 Gebrauch

Das Passiv wird im Spanischen mit ser bzw. estar *sein* und einem Partizip gebildet. Bei dem Hilfsverb ser ist der Vorgang relevant, bei estar das Ergebnis: es recibido *wurde empfangen*, está recibido *ist empfangen*.

Beim Passiv richtet sich das Partizip in Genus und Numerus nach dem Satzsubjekt: **ellas** son recibid**as** *sie wurden empfangen*.

Das Passiv gehört im Spanischen überwiegend der Schriftsprache an. In der gesprochenen Sprache wird es oft durch das reflexive Passiv ersetzt (se + Verb in aktiver Form):

Ha sido inaugurado un centro comercial en Denia. → **Se ha inaugurado** un centro comercial en Denia. *Ein Einkaufszentrum **wurde** in Denia **eröffnet**.*

Das Passiv wird auch durch ein Verb in der 3. Person Plural ohne Subjekt ersetzt:

Han construido una nueva biblioteca. *Sie (unbestimmte Personen) **haben** eine neue Bibliothek **gebaut**.*

 Anmerkungen:

6 cantar *singen*

Indicativo

Presente
canto
cantas
canta
cantamos
cantáis
cantan

Perfecto
he cantado
has cantado
ha cantado
hemos cantado
habéis cantado
han cantado

Imperfecto
cantaba
cantabas
cantaba
cantábamos
cantabais
cantaban

Pluscuamperfecto
había cantado
habías cantado
había cantado
habíamos cantado
habíais cantado
habían cantado

Indefinido
canté
cantaste
cantó
cantamos
cantasteis
cantaron

Pretérito anterior
hube cantado
hubiste cantado
hubo cantado
hubimos cantado
hubisteis cantado
hubieron cantado

Futuro simple
cantaré
cantarás
cantará
cantaremos
cantaréis
cantarán

Futuro compuesto
habré cantado
habrás cantado
habrá cantado
habremos cantado
habréis cantado
habrán cantado

Gerundio

Simple
cantando

Compuesto
habiendo cantado

Subjuntivo

Presente
cante
cantes
cante
cantemos
cantéis
canten

Imperfecto
cantara/cantase
cantaras/cantases
cantara/cantase
cantáramos/cantásemos
cantarais/cantaseis
cantaran/cantasen

Perfecto
haya cantado
hayas cantado
haya cantado
hayamos cantado
hayáis cantado
hayan cantado

Pluscuamperfecto
hubiera/-se cantado
hubieras/-ses cantado
hubiera/-se cantado
hubiéramos/-semos cantado
hubierais/-seis cantado
hubieran/-sen cantado

Participio
cantado

Condicional

Simple
cantaría
cantarías
cantaría
cantaríamos
cantaríais
cantarían

Compuesto
habría cantado
habrías cantado
habría cantado
habríamos cantado
habríais cantado
habrían cantado

Imperativo
(tú) canta
(usted) cante
(nosotros) cantemos
(vosotros) cantad
(ustedes) canten

Infinitivo compuesto
haber cantado

Anwendungsbeispiele

Felipe **canta** muy bien. *Felipe singt sehr gut.*
Mis padres **cantan en** un coro. *Meine Eltern singen in einem Chor.*
¿Has oído ya **cantar al gallo**? *Hast du schon den Hahn krähen gehört?*
Las ranas **cantan** hoy muy alto. *Die Frösche quaken heute sehr laut.*
El canario **canta** muy bien. *Der Kanarienvogel singt sehr schön.*
El poeta **canta** el paisaje castellano. *Der Dichter preist die kastilische Landschaft.*
El preso **cantó**. *Der Gefangene sang.*
Las cifras **cantan**. *Die Zahlen sprechen für sich.*

 Redewendungen

cantarle a.c. a alg. *jdm. etw. vorsingen*
cantarle las cuarenta a alg. *jdm. eine Standpauke halten*
cantar como los ángeles *wie ein Engel singen*
cantar los números de la lotería *die Gewinnzahlen verkünden*
cantar a dos/cuatro voces *zwei-/vierstimmig singen*

 Ähnliche Verben

arrullar a alg. *jdn. in den Schlaf singen*
canturrear *vor sich hin singen*
corear *mitsingen, einstimmen*
entonar *die Töne treffen*
tararear *trällern, summen*

⚡ **Aufgepasst!**

Das Pluscuamperfecto de subjuntivo wird mit dem Imperfecto de subjuntivo von haber *haben* und einem Partizip gebildet. In beiden Zeiten gibt es zwei Formen, die alternativ verwendet werden: -ra/-se, -ras/-ses, -ra/-se, -ramos/-semos, -rais/-seis, -ran/-sen. Beide Formen des Pluscuamperfecto de subjuntivo werden hier an den Musterverben exemplarisch demonstriert, sind aber auch bei allen anderen Verben zu finden.

Tipps & Tricks

Die meisten Verben gehören im Spanischen zur 1. Konjugation. Wie cantar werden konjugiert: amar *lieben*, bailar *tanzen*, comprar *kaufen*, estudiar *lernen, studieren*, hablar *sprechen*, necesitar *brauchen*, preguntar *fragen*.

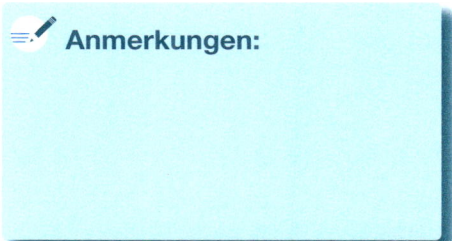 **Anmerkungen:**

47

comer *essen*

Indicativo

Presente
Presente	Perfecto	
como	he	comido
comes	has	comido
come	ha	comido
comemos	hemos	comido
coméis	habéis	comido
comen	han	comido

Imperfecto
Imperfecto	Pluscuamperfecto	
comía	había	comido
comías	habías	comido
comía	había	comido
comíamos	habíamos	comido
comíais	habíais	comido
comían	habían	comido

Indefinido
Indefinido	Pretérito anterior	
comí	hube	comido
comiste	hubiste	comido
comió	hubo	comido
comimos	hubimos	comido
comisteis	hubisteis	comido
comieron	hubieron	comido

Futuro simple
Futuro simple	Futuro compuesto	
comeré	habré	comido
comerás	habrás	comido
comerá	habrá	comido
comeremos	habremos	comido
comeréis	habréis	comido
comerán	habrán	comido

Subjuntivo

Presente
Presente
coma
comas
coma
comamos
comáis
coman

Imperfecto
Imperfecto
comiera/comiese
comieras/comieses
comiera/comiese
comiéramos/comiésemos
comierais/comieseis
comieran/comiesen

Perfecto
Perfecto	
haya	comido
hayas	comido
haya	comido
hayamos	comido
hayáis	comido
hayan	comido

Pluscuamperfecto
Pluscuamperfecto	
hubiera/-se	comido
hubieras/-ses	comido
hubiera/-se	comido
hubiéramos/-semos	comido
hubierais/-seis	comido
hubieran/-sen	comido

Condicional

Simple
Simple
comería
comerías
comería
comeríamos
comeríais
comerían

Compuesto
Compuesto	
habría	comido
habrías	comico
habría	comido
habríamos	comido
habríais	comidɔ
habrían	comido

Imperativo
(tú)	come
(usted)	coma
(nosotros)	comamos
(vosotros)	comed
(ustedes)	coman

Infinitivo compuesto
haber comido

Gerundio

Simple
Simple	Compuesto	
comiendo	habiendo	comido

Participio
comido

Anwendungsbeispiele

No **hemos comido** todavía, tenemos hambre. *Wir haben noch nicht gegessen, wir haben Hunger.*
El sábado **comí** gazpacho. *Samstag habe ich Gazpacho gegessen.*
Mañana **vamos a comer con** Antonio. *Morgen werden wir mit Antonio essen*
Este gato no **come** nada. *Diese Katze frisst nichts.*
Tienes que **comértelo** todo. *Du musst alles aufessen.*
¡No **te comas** el coco! *Mach dich nicht verrückt!*

 Redewendungen

comer por comer *ohne Appetit essen*
comer por cuatro *für vier essen*
sin comerlo ni beberlo *ohne sein eigenes Zutun*
comerse las ganas *sich etw. verkneifen*
comerse con los ojos *mit Blicken verschlingen*
comerse a alg. vivo *Hackfleisch aus jdm. machen*
comerse a alg. a besos *jdn. abküssen*

 Ähnliche Verben

alimentar(se) *(sich) ernähren*
almorzar *zu Mittag essen*
devorar *fressen*
engullir *verschlingen*
tomar *(zu sich) nehmen*

Gebrauch

Comer wird im Spanischen als Oberbegriff für das Verb *essen* verwendet, bedeutet jedoch je nach Land oder Region entweder *zu Mittag essen* oder auch *zu Abend essen*. Es entspricht auch dem deutschen Verb *fressen*:
Este niño **come** muy poco. *Dieses Kind isst sehr wenig.*
Eso no lo **come** mi perro. *Das frisst mein Hund nicht.*

Tipps & Tricks

Folgende Verben werden wie comer konjugiert: beber *trinken*, aprender *lernen*, comprender *verstehen*, deber *müssen*, meter *stecken*, prometer *versprechen*, romper *zerbrechen* (Partizip: roto).

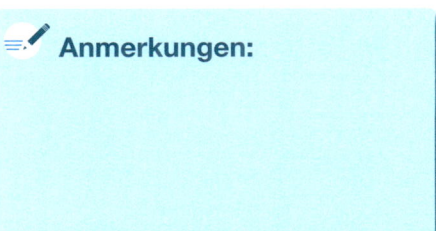 **Anmerkungen:**

⑧ **partir** *teilen, ausgehen*

Musterkonjugation;
Regelmäßiges Verb der 3. Konjugation auf **-ir**

Indicativo

Presente	Perfecto	
part**o**	he	partido
part**es**	has	partido
part**e**	ha	partido
part**imos**	hemos	partido
part**ís**	habéis	partido
part**en**	han	partido

Imperfecto	Pluscuamperfecto	
part**ía**	había	partido
part**ías**	habías	partido
part**ía**	había	partido
part**íamos**	habíamos	partido
part**íais**	habíais	partido
part**ían**	habían	partido

Indefinido	Pretérito anterior	
part**í**	hube	partido
part**iste**	hubiste	partido
part**ió**	hubo	partido
part**imos**	hubimos	partido
part**isteis**	hubisteis	partido
part**ieron**	hubieron	partido

Futuro simple	Futuro compuesto	
partir**é**	habré	partido
partir**ás**	habrás	partido
partir**á**	habrá	partido
partir**emos**	habremos	partido
partir**éis**	habréis	partido
partir**án**	habrán	partido

Gerundio

Simple	Compuesto
part**iendo**	habiendo partido

Subjuntivo

Presente
part**a**
part**as**
part**a**
part**amos**
part**áis**
part**an**

Imperfecto
parti**era**/parti**ese**
parti**eras**/parti**eses**
parti**era**/parti**ese**
parti**éramos**/parti**ésemos**
parti**erais**/parti**eseis**
parti**eran**/parti**esen**

Perfecto	
haya	partido
hayas	partido
haya	partido
hayamos	partido
hayáis	partido
hayan	partido

Pluscuamperfecto	
hubiera/-se	partido
hubieras/-ses	partido
hubiera/-se	partido
hubiéramos/-semos	partido
hubierais/-seis	partido
hubieran/-sen	partido

Participio

partido

Condicional

Simple
partir**ía**
partir**ías**
partir**ía**
partir**íamos**
partir**íais**
partir**ían**

Compuesto	
habría	partido
habrías	partido
habría	partido
habríamos	partido
habríais	partido
habrían	partido

Imperativo

(tú)	part**e**
(usted)	part**a**
(nosotros)	part**amos**
(vosotros)	part**id**
(ustedes)	part**an**

Infinitivo compuesto

haber partido

Anwendungsbeispiele

He partido la tortilla en cuatro trozos. *Ich habe die Tortilla in vier Stücke geteilt.*

¿Puedes **partir** el pan? *Kannst du das Brot aufteilen?*

Partimos de que la reunión será a las cinco. *Wir gehen davon aus, dass die Besprechung um fünf Uhr stattfindet.*

Redewendungen

partirse el pecho por alg. *sich für jdn. viel Mühe geben*
partir por la mitad *halbieren*
partirse en dos *sich spalten, sich teilen*
partirse de risa *sich kaputtlachen*
partir peras *sich streiten, sich trennen*
partirle la cara a alg. *jdm. eine Ohrfeige geben*

Ähnliche Verben

cortar *schneiden*
dividir *halbieren*

compartir *mit jdm. teilen*
departir *plaudern*
repartir *verteilen*

 Aufgepasst!

Bei partir und allen anderen regelmäßigen Verben der 1., 2. und 3. Konjugation werden die Personalendungen einfach anstelle der Infinitivendung an den Stamm angehängt: part-**ir** → part-**o**, part-**es**, part-**e**, part-**imos**, part-**ís**, part-**en**.

Verben mit dem Stammauslaut -ll bzw. -ñ verlieren das -i der Endung in der 3. Person Singular und Plural im Indefinido, im Imperfecto de subjuntivo und im Gerundio (engullir *verschlingen*: engulló, engulleron etc.).

Beachten Sie, dass wichtige Verben der 3. Konjugation unregelmäßige Partizipien haben: abrir *öffnen* → abierto, escribir *schreiben* → escrito (▷ Grammatik rund ums Verb, ⑥).

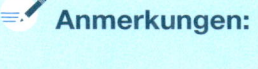 Tipps & Tricks

Lernen Sie die Verbendungen, indem Sie das Verb mit einem Würfel konjugieren. 1 Punkt steht für die Person yo, 2 Punkte für tú, 3 für él, ella, usted, 4 für nosotros, 5 für vosotros, 6 für ellos, ustedes.

Anmerkungen:

9 **adquirir** *erwerben* -i → -ie

Indicativo

Presente **Perfecto**
adquiero | he adquirido
adquieres | has adquirido
adquiere | ha adquirido
adquirimos | hemos adquirido
adquirís | habéis adquirido
adquieren | han adquirido

Imperfecto **Pluscuamperfecto**
adquiría | había adquirido
adquirías | habías adquirido
adquiría | había adquirido
adquiríamos | habíamos adquirido
adquiríais | habíais adquirido
adquirían | habían adquirido

Indefinido **Pretérito anterior**
adquirí | hube adquirido
adquiriste | hubiste adquirido
adquirió | hubo adquirido
adquirimos | hubimos adquirido
adquiristeis | hubisteis adquirido
adquirieron | hubieron adquirido

Futuro simple **Futuro compuesto**
adquiriré | habré adquirido
adquirirás | habrás adquirido
adquirirá | habrá adquirido
adquiriremos | habremos adquirido
adquiriréis | habréis adquirido
adquirirán | habrán adquirido

Gerundio

Simple **Compuesto**
adquiriendo | habiendo adquirido

Subjuntivo

Presente
adquiera
adquieras
adquiera
adquiramos
adquiráis
adquieran

Imperfecto
adquiriera/adquiriese
adquirieras/adquirieses
adquiriera/adquiriese
adquiriéramos/adquiriésemos
adquirierais/adquirieseis
adquirieran/adquiriesen

Perfecto
haya adquirido
hayas adquirido
haya adquirido
hayamos adquirido
hayáis adquirido
hayan adquirido

Pluscuamperfecto
hubiera adquirido
hubieras adquirido
hubiera adquirido
hubiéramos adquirido
hubierais adquirido
hubieran adquirido

Participio
adquirido

Condicional

Simple
adquiriría
adquirirías
adquiriría
adquiriríamos
adquiriríais
adquirirían

Compuesto
habría adquirido
habrías adquirido
habría adquirido
habríamos adquirido
habríais adquirido
habrían adquirido

Imperativo
(tú) adquiere
(usted) adquiera
(nosotros) adquiramos
(vosotros) adquirid
(ustedes) adquieran

Infinitivo compuesto
haber adquirido

Anwendungsbeispiele

Adquirimos la casa en 1970. *Wir haben das Haus 1970 erworben.*
Elena **ha adquirido** muchos conocimientos en nuestra empresa. *Elena hat viele Kenntnisse in unserer Firma erworben.*
Ha adquirido muy buenas costumbres desde que vive solo. *Er hat sehr gute Manieren, seit er allein wohnt.*

 Redewendungen

adquirir conocimientos *Kenntnisse erwerben*
adquirir fama *Ruhm erlangen*
adquirir un hábito *eine Gewohnheit annehmen*
adquirir buenas/malas costumbres *gute/schlechte Manieren haben*
adquirir experiencia *Erfahrungen sammeln*

 Ähnliche Verben

alcanzar *erreichen*
coger *nehmen*
comprar *kaufen*
comprarse *anschaffen*
conseguir *erlangen, erreichen*
ganar *gewinnen*
hacer *machen*
llegar a tener *erreichen, anschaffen*
obtener *bekommen*
procurarse *sich beschaffen*

 Aufgepasst!

Der Vokalwechsel -i → -ie betrifft die stammbetonten Personen (1., 2., 3. Pers. Sing. und 3. Pers. Pl.) des Presente de indicativo (adqu**ie**ro, adqu**ie**res ...) und subjuntivo (adqu**ie**ra, adqu**ie**ras ...) sowie die Imperativformen (tú) adqu**ie**re, (usted) adqu**ie**ra und (ustedes) adqu**ie**ran. Die Endungen sind regelmäßig.

! **Tipps & Tricks**

Wie adquirir wird das Verb inquirir *untersuchen, nachfragen* konjugiert. Bei anderen Verben kommt der Vokalwechsel -i → -ie nicht sehr häufig vor.

 **Anmerkungen:**

⑩ andar *gehen, laufen*

Indicativo

Presente	Perfecto	
ando	he	andado
andas	has	andado
anda	ha	andado
andamos	hemos	andado
andáis	habéis	andado
andan	han	andado

Imperfecto	Pluscuamperfecto	
andaba	había	andado
andabas	habías	andado
andaba	había	andado
andábamos	habíamos	andado
andabais	habíais	andado
andaban	habían	andado

Indefinido	Pretérito anterior	
anduve	hube	andado
anduviste	hubiste	andado
anduvo	hubo	andado
anduvimos	hubimos	andado
anduvisteis	hubisteis	andado
anduvieron	hubieron	andado

Futuro simple	Futuro compuesto	
andaré	habré	andado
andarás	habrás	andado
andará	habrá	andado
andaremos	habremos	andado
andaréis	habréis	andado
andarán	habrán	andado

Subjuntivo

Presente
ande
andes
ande
andemos
andéis
anden

Imperfecto
anduviera/anduviese
anduvieras/anduvieses
anduviera/anduviese
anduviéramos/anduviésemos
anduvierais/anduvieseis
anduvieran/anduviesen

Perfecto	
haya	andado
hayas	andado
haya	andado
hayamos	andado
hayáis	andado
hayan	andado

Pluscuamperfecto	
hubiera	andado
hubieras	andado
hubiera	andado
hubiéramos	andado
hubierais	andado
hubieran	andado

Condicional

Simple
andaría
andarías
andaría
andaríamos
andaríais
andarían

Compuesto	
habría	andado
habrías	andado
habría	andado
habríamos	andado
habríais	andado
habrían	andado

Imperativo

(tú)	anda
(usted)	ande
(nosotros)	andemos
(vosotros)	andad
(ustedes)	anden

Infinitivo compuesto

haber andado

Gerundio

Simple	Compuesto	
andando	habiendo	andado

Participio

andado

andar *gehen, laufen*

 Anwendungsbeispiele

No puedo **andar**, me duele la pierna. *Ich kann nicht **laufen**, das Bein tut mir weh.*

Anduvimos por lo menos 15 km. *Wir liefen mindestens 15 km.*

Mi coche no **anda**. *Mein Auto fährt nicht.*

¿Cómo **andas**? *Wie geht es dir?*

Anda por los treinta. *Er ist so um die 30.*

Pedro siempre **anda con** rodeos. *Peter weicht ständig aus.*

¡No **te andes por** las ramas! *Rede nicht um den heißen Brei herum!*

Ando metida en un asunto importante. *Ich bin in eine wichtige Angelegenheit verwickelt.*

Siempre **andan** mal de dinero. *Sie sind immer schlecht bei Kasse.*

 Sprichwörter

Con pan y vino se anda el camino. *Mit Brot und Wein geht man auf den Weg.*

Dime con quién andas y te diré quién eres. *Sag mir, mit wem du umgehst, und ich sage dir, wer du bist.*

El movimiento se demuestra andando. *Es gibt nichts Gutes, außer man tut es.*

 Ähnliche Verben

ir a pie *zu Fuß gehen*

caminar *gehen, wandern*

correr *rennen*

dar un paseo *einen Spaziergang machen*

dar una vuelta *eine Runde drehen*

pasear *spazieren gehen*

 Aufgepasst!

Das Verb andar und seine Ableitung desandar *den gleichen Weg zurückgehen* sind nur im Indefinido und im Imperfecto de subjuntivo unregelmäßig. Die übrigen Formen werden wie cantar *singen* konjugiert.

 **Tipps & Tricks**

Außer andar haben noch einige andere Verben im Indefinido einen neuen Stamm, der ein -v enthält:

estar – estuve, tener – tuve.

Anmerkungen:

55

avergonzar *beschämen*

-o ➡ -üe, -z ➡ -c

Indicativo

Presente | **Perfecto**
avergüenzo | he avergonzado
avergüenzas | has avergonzado
avergüenza | ha avergonzado
avergonzamos | hemos avergonzado
avergonzáis | habéis avergonzado
avergüenzan | han avergonzado

Imperfecto | **Pluscuamperfecto**
avergonzaba | había avergonzado
avergonzabas | habías avergonzado
avergonzaba | había avergonzado
avergonzábamos | habíamos avergonzado
avergonzabais | habíais avergonzado
avergonzaban | habían avergonzado

Indefinido | **Pretérito anterior**
avergoncé | hube avergonzado
avergonzaste | hubiste avergonzado
avergonzó | hubo avergonzado
avergonzamos | hubimos avergonzado
avergonzasteis | hubisteis avergonzado
avergonzaron | hubieron avergonzado

Futuro simple | **Futuro compuesto**
avergonzaré | habré avergonzado
avergonzarás | habrás avergonzado
avergonzará | habrá avergonzado
avergonzaremos | habremos avergonzado
avergonzaréis | habréis avergonzado
avergonzarán | habrán avergonzado

Gerundio

Simple | **Compuesto**
avergonzando | habiendo avergonzado

Subjuntivo

Presente
avergüence
avergüences
avergüence
avergoncemos
avergoncéis
avergüencen

Imperfecto
avergonzara/avergonzase
avergonzaras/avergonzases
avergonzara/avergonzase
avergonzáramos/avergonzásemos
avergonzarais/avergonzaseis
avergonzaran/avergonzasen

Perfecto
haya avergonzado
hayas avergonzado
haya avergonzado
hayamos avergonzado
hayáis avergonzado
hayan avergonzado

Pluscuamperfecto
hubiera avergonzado
hubieras avergonzado
hubiera avergonzado
hubiéramos avergonzado
hubierais avergonzado
hubieran avergonzado

Participio
avergonzado

Condicional

Simple
avergonzaría
avergonzarías
avergonzaría
avergonzaríamos
avergonzaríais
avergonzarían

Compuesto
habría avergonzado
habrías avergonzado
habría avergonzado
habríamos avergonzado
habríais avergonzado
habrían avergonzado

Imperativo
(tú) avergüenza
(usted) avergüence
(nosotros) avergoncemos
(vosotros) avergonzad
(ustedes) avergüencen

Infinitivo compuesto
haber avergonzado

Anwendungsbeispiele

Nos **avergüenzas con** tu conduzca. *Du beschämst uns mit deinem Verhalten.*
No **me avergüenzo de** lo que he hecho. *Ich schäme mich nicht für das, was ich getan habe.*

 Redewendungen

avergonzar a alg. *jdn. beschämen*
avergonzarse de a. c. *sich für etw. schämen*
avergonzarse de alg. *sich für jdn. schämen*

 Ähnliche Verben

abochornar(se) *(sich) schämen*
cortarse *verlegen werden*
dar vergüenza *sich schämen*
ruborizarse *rot werden*
no tener vergüenza *keinen Anstand haben*
morirse de vergüenza *vor Scham im Boden versinken*
pasar vergüenza *sich schämen, peinlich berührt sein*
turbar(se) *in Verlegenheit bringen, verlegen werden*

 Aufgepasst!

Der Stammvokal -o vor der Endung wird bei manchen Formen zu -üe. Die Besonderheit bei avergonzar ist, dass der Diphthong -üe nach einem -g steht. Das Trema
auf dem -u zeigt an, dass es mitgesprochen werden muss.
Wie bei vielen Verben, deren Stamm auf -z endet, wird bei avergonzar das -z
vor -e bzw. -é zu -c.
Folgende Zeiten und Personen haben diese orthografische Anpassung an die
Aussprache des Infinitivs: die 1. Person Singular des Indefinido (avergoncé), das
Presente de subjuntivo (avergüence, avergüences etc.) sowie die vom Presente
de subjuntivo abgeleiteten Imperativformen:
No te avergüences de eso. *Schäm dich nicht dafür.*

 Anmerkungen:

averiguar *herausfinden, erforschen*   -u → -ü

Indicativo

Presente	Perfecto	
averiguo	he	averiguado
averiguas	has	averiguado
averigua	ha	averiguado
averiguamos	hemos	averiguado
averiguáis	habéis	averiguado
averiguan	han	averiguado

Imperfecto	Pluscuamperfecto	
averiguaba	había	averiguado
averiguabas	habías	averiguado
averiguaba	había	averiguado
averiguábamos	habíamos	averiguado
averiguabais	habíais	averiguado
averiguaban	habían	averiguado

Indefinido	Pretérito anterior	
averigüé	hube	averiguado
averiguaste	hubiste	averiguado
averiguó	hubo	averiguado
averiguamos	hubimos	averiguado
averiguastéis	hubisteis	averiguado
averiguaron	hubieron	averiguado

Futuro simple	Futuro compuesto	
averiguaré	habré	averiguado
averiguarás	habrás	averiguado
averiguará	habrá	averiguado
averiguaremos	habremos	averiguado
averiguaréis	habréis	averiguado
averiguarán	habrán	averiguado

Gerundio

Simple	Compuesto
averiguando	habiendo averiguado

Subjuntivo

Presente
averigüe
averigües
averigüe
averigüemos
averigüéis
averigüen

Imperfecto
averiguara/averiguase
averiguaras/averiguases
averiguara/averiguase
averiguáramos/averiguásemos
averiguarais/averiguaseis
averiguaran/averiguasen

Perfecto	
haya	averiguado
hayas	averiguado
haya	averiguado
hayamos	averiguado
hayáis	averiguado
hayan	averiguado

Pluscuamperfecto	
hubiera	averiguado
hubieras	averiguado
hubiera	averiguado
hubiéramos	averiguado
hubierais	averiguado
hubieran	averiguado

Participio

averiguado

Condicional

Simple
averiguaría
averiguarías
averiguaría
averiguaríamos
averiguaríais
averiguarían

Compuesto	
habría	averiguado
habrías	averiguado
habría	averiguado
habríamos	averiguado
habríais	averiguado
habrían	averiguado

Imperativo

(tú)	averigua
(usted)	averigüe
(nosotros)	averigüemos
(vosotros)	averiguad
(ustedes)	averigüen

Infinitivo compuesto

haber averiguado

Anwendungsbeispiele

Han averiguado dónde estaba la antigua iglesia. *Sie haben herausgefunden, wo die alte Kirche stand.*

El año pasado **averiguaron** cómo se cura la enfermedad. *Letztes Jahr fanden sie heraus, wie man die Krankheit heilt.*

Tengo que **averiguar** qué vuelos directos hay a Bilbao. *Ich muss nachsehen, welche Direktflüge es nach Bilbao gibt.*

 Redewendungen

averiguar la verdad *die Wahrheit herausfinden*
averiguar el paradero de alg. *jdn. ausfindig machen*

 Ähnliche Verben

descubrir *herausfinden, entdecken*
enterarse *erfahren*
hacer averiguaciones *Ermittlungen anstellen*
indagar *ermitteln, untersuchen*
inquirir *untersuchen, nachfragen*
investigar *ermitteln, nachforschen*
preguntar *fragen*

 Aufgepasst!

Die Unregelmäßigkeit -u → -ü ist eine orthografische Anpassung an die Aussprache des Infinitivs. Averiguar ist abgesehen davon regelmäßig.
Mit dem Trema auf dem -u wird angezeigt, dass das -u nach dem -g mitgesprochen werden muss.
Folgende Zeiten und Personen weisen diese Besonderheit auf:
die 1. Person Singular des Indefinido (averigüé), das Presente de subjuntivo (averigüe, averigües etc.) sowie die vom Presente de subjuntivo abgeleiteten Imperativformen: (usted) averigüe, (nosotros) averigüemos, (ustedes) averigüen.

 Tipps & Tricks

Die orthografische Unregelmäßigkeit -u → -ü betrifft alle Verben, die auf -guar enden, z. B.: amortiguar *dämpfen*, apaciguar *besänftigen*, desaguar *abfließen*, fraguar *sich durchsetzen*, menguar *zurückgehen, verringern*.

 **Anmerkungen:**

(13) **buscar** *suchen, holen*

-c ➝ -qu

Indicativo

Presente	**Perfecto**
busco	he buscado
buscas	has buscado
busca	ha buscado
buscamos	hemos buscado
buscáis	habéis buscado
buscan	han buscado

Imperfecto	**Pluscuamperfecto**
buscaba	había buscado
buscabas	habías buscado
buscaba	había buscado
buscábamos	habíamos buscado
buscabais	habíais buscado
buscaban	habían buscado

Indefinido	**Pretérito anterior**
busqué	hube buscado
buscaste	hubiste buscado
buscó	hubo buscado
buscamos	hubimos buscado
buscasteis	hubisteis buscado
buscaron	hubieron buscado

Futuro simple	**Futuro compuesto**
buscaré	habré buscado
buscarás	habrás buscado
buscará	habrá buscado
buscaremos	habremos buscado
buscaréis	habréis buscado
buscarán	habrán buscado

Gerundio

Simple	**Compuesto**
buscando	habiendo buscado

Subjuntivo

Presente
busque
busques
busque
busquemos
busquéis
busquen

Imperfecto
buscara/buscase
buscaras/buscases
buscara/buscase
buscáramos/buscásemos
buscarais/buscaseis
buscaran/buscasen

Perfecto
haya buscado
hayas buscado
haya buscado
hayamos buscado
hayáis buscado
hayan buscado

Pluscuamperfecto
hubiera buscado
hubieras buscado
hubiera buscado
hubiéramos buscado
hubierais buscado
hubieran buscado

Participio

buscado

Condicional

Simple
buscaría
buscarías
buscaría
buscaríamos
buscaríais
buscarían

Compuesto
habría buscado
habrías buscado
habría buscado
habríamos buscado
habríais buscado
habrían buscado

Imperativo

(tú) | busca
(usted) | busque
(nosotros) | busquemos
(vosotros) | buscad
(ustedes) | busquen

Infinitivo compuesto

haber buscado

Anwendungsbeispiele

Busco piso en este barrio. *Suche Wohnung in diesem Viertel.*
Busca a María, por favor. *Hol bitte María.*
Estamos buscando una solución al problema. *Wir suchen gerade eine Lösung für das Problem.*
Si quieres, te voy a **buscar**. *Wenn du willst, werde ich dich abholen.*

Redewendungen

buscar trabajo *Arbeit suchen*
buscar una solución *nach einer Lösung suchen*
buscar protección *Schutz suchen*
buscar las palabras adecuadas *nach den passenden Worten suchen*
buscar una aguja en un pajar *eine Stecknadel im Heuhaufen suchen*
buscar bronca *jdn. provozieren*
buscarse un problema *ein Problem magisch anziehen*
buscarse una enfermedad *sich eine Krankheit einfangen*
buscarse complicaciones *Schwierigkeiten bekommen*
buscarse enemigos *sich jdn. zum Feind machen*
buscarle tres pies al gato *Haarspalterei betreiben*
buscarle a alg. las cosquillas *jdn. provozieren*

Ähnliche Verben

rebuscar *herumsuchen, durchsuchen*

⚡ Aufgepasst!

Die orthografische Anpassung an die Aussprache des Infinitivs (-c → -qu) betrifft die Formen mit der Endung -é bzw. -e: die 1. Person des Indefinido (busqué), alle Formen des Presente de subjuntivo (busque, busques etc.) sowie die Imperativformen, die vom Presente de subjuntivo abgeleitet werden: (usted) busque, (nosotros) busquemos, (ustedes) busquen. Das Verb buscar ist abgesehen von dieser Besonderheit regelmäßig.

‼ Tipps & Tricks

Alle Verben der 1. Konjugation, deren Stamm auf -c endet, werden wie buscar konjugiert, z. B.: atacar *angreifen*, comunicar *mitteilen*, destacar *hervorheben*, explicar *erklären*, sacar *herausnehmen*, tocar *berühren*.

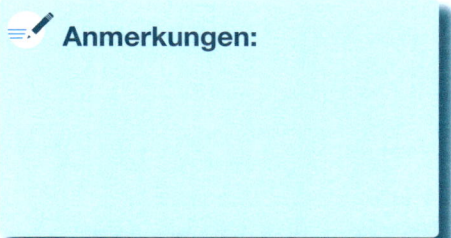

Anmerkungen:

(14) caber *Platz haben, (hinein)passen*

Indicativo

Presente	Perfecto	
quepo	he	cabido
cabes	has	cabido
cabe	ha	cabido
cabemos	hemos	cabido
cabéis	habéis	cabido
caben	han	cabido

Imperfecto	Pluscuamperfecto	
cabía	había	cabido
cabías	habías	cabido
cabía	había	cabido
cabíamos	habíamos	cabido
cabíais	habíais	cabido
cabían	habían	cabido

Indefinido	Pretérito anterior	
cupe	hube	cabido
cupiste	hubiste	cabido
cupo	hubo	cabido
cupimos	hubimos	cabido
cupisteis	hubisteis	cabido
cupieron	hubieron	cabido

Futuro simple	Futuro compuesto	
cabré	habré	cabido
cabrás	habrás	cabido
cabrá	habrá	cabido
cabremos	habremos	cabido
cabréis	habréis	cabido
cabrán	habrán	cabido

Gerundio

Simple	Compuesto	
cabiendo	habiendo	cabido

Subjuntivo

Presente
quepa
quepas
quepa
quepamos
quepáis
quepan

Imperfecto
cupiera/cupiese
cupieras/cupieses
cupiera/cupiese
cupiéramos/cupiésemos
cupierais/cupieseis
cupieran/cupiesen

Perfecto	
haya	cabido
hayas	cabido
haya	cabido
hayamos	cabido
hayáis	cabido
hayan	cabido

Pluscuamperfecto	
hubiera	cabido
hubieras	cabido
hubiera	cabido
hubiéramos	cabido
hubierais	cabido
hubieran	cabido

Participio

cabido

Condicional

Simple
cabría
cabrías
cabría
cabríamos
cabríais
cabrían

Compuesto	
habría	cabido
habrías	cabido
habría	cabido
habríamos	cabido
habríais	cabido
habrían	cabido

Imperativo

(tú)	cabe
(usted)	quepa
(nosotros)	quepamos
(vosotros)	cabed
(ustedes)	quepan

Infinitivo compuesto

haber cabido

Anwendungsbeispiele

No sé si **quepo** yo también **en** el ascensor. *Ich weiß nicht, ob ich auch in den Aufzug passe.*

El armario no **cabe por** la puerta. *Der Schrank passt nicht durch die Tür.*

No le **caben** los guantes. *Die Handschuhe passen ihm nicht.*

No **me cabe en** la cabeza. *Ich kann es nicht fassen.*

Me cabe la satisfacción de presentar al profesor Ramírez. *Es ist mir eine große Freude, Professor Ramírez vorzustellen.*

Dentro de lo que **cabe** no estamos mal. *Alles in allem geht es uns nicht schlecht.*

 Redewendungen

caber en un sitio *in etw. hineinpassen*
caber por a. c. *durch etw. hindurchpassen*
caber duda (de que) *außer Frage stehen, (dass)*
no caber un alfiler *vollgestopft sein*
no caber de alegría *außer sich sein vor Freude*

 Ähnliche Verben

coger *hineinpassen*
tener sitio *Platz haben*
quedar bien/mal *gut/schlecht passen*

 Aufgepasst!

Das Verb caber ist sehr unregelmäßig. Trotzdem kann man sich Folgendes merken: Von der 1. Person Singular des Presente de indicativo (quepo) wird das Presente de subjuntivo abgeleitet: quepa, quepas ...

Das Indefinido wird wie bei den anderen Verben gebildet, die einen neuen Stamm mit -u haben, wie z. B. saber – supe.

Im Futuro simple entfällt das -e vor der Endung, genauso wie bei vielen anderen Verben: saber – sabrá, haber – habrá.

 Anmerkungen:

caer *fallen*

Indicativo

Presente
caigo
caes
cae
caemos
caéis
caen

Perfecto
he   caído
has   caído
ha   caído
hemos   caído
habéis   caído
han   caído

Imperfecto
caía
caías
caía
caíamos
caíais
caían

Pluscuamperfecto
había   caído
habías   caído
había   caído
habíamos caído
habíais   caído
habían   caído

Indefinido
caí
caíste
cayó
caímos
caísteis
cayeron

Pretérito anterior
hube   caído
hubiste   caído
hubo   caído
hubimos   caído
hubisteis caído
hubieron caído

Futuro simple
caeré
caerás
caerá
caeremos
caeréis
caerán

Futuro compuesto
habré   caído
habrás   caído
habrá   caído
habremos caído
habréis   caído
habrán   caído

Gerundio

Simple
cayendo

Compuesto
habiendo caído

Subjuntivo

Presente
caiga
caigas
caiga
caigamos
caigáis
caigan

Imperfecto
cayera/cayese
cayeras/cayeses
cayera/cayese
cayéramos/cayésemos
cayerais/cayeseis
cayeran/cayesen

Perfecto
haya   caído
hayas   caído
haya   caído
hayamos   caído
hayáis   caído
hayan   caído

Pluscuamperfecto
hubiera   caído
hubieras   caído
hubiera   caído
hubiéramos caído
hubierais caído
hubieran   caído

Participio
caído

Condicional

Simple
caería
caerías
caería
caeríamos
caeríais
caerían

Compuesto
habría   caído
habrías   caído
habría   caído
habríamos caído
habríais caído
habrían   caído

Imperativo
(tú)   cae
(usted)   caiga
(nosotros) caigamos
(vosotros) caed
(ustedes)   caigan

Infinitivo compuesto
haber caído

Anwendungsbeispiele

En poco tiempo **ha caído** mucha nieve. *Innerhalb kurzer Zeit* **ist** *viel Schnee gefallen.*

Me caí y no me podía levantar. *Ich bin umgefallen und konnte nicht mehr aufstehen.*

Perdone, se le **ha caído** esto. *Entschuldigung, Ihnen* **ist** *das hier* **herunterge- fallen.**

La Nochevieja **cae en** domingo. *Silvester* **fällt auf** *einen Sonntag.*

Lo siento, no **caigo**. *Tut mir leid,* **ich komme** *nicht* **darauf.**

No **caigo** de mi asombro. *Ich bin völlig überrascht.*

Cuando llueve mucho **se me cae** la casa encima. *Wenn es viel regnet, fällt mir die Decke auf den Kopf.*

 Redewendungen

caer bien/mal a alg. *jdm. sympathisch/unsympathisch sein*
caer en la cuenta *begreifen*
caer en manos de alg. *in jds. Hände geraten*
caer en la tentación *der Versuchung erliegen*
caer en un error *einen Fehler begehen*
caerse de sueño *todmüde sein*
caerse el alma a los pies a alg. *sehr enttäuscht sein*
dejarse caer *sich fallen lassen*

 Ähnliche Verben

decaer *verfallen, nachlassen, schwinden*
recaer *einen Rückfall erleiden, rückfällig werden*

 Gebrauch

In der Bedeutung *umfallen, herunterfallen, stürzen, stolpern* wird caer meist reflexiv verwendet:
Me he **caído**. *Ich bin umgefallen.*

Anmerkungen:

coger *nehmen*

-g → -j

Indicativo

Presente
cojo
coges
coge
cogemos
cogéis
cogen

Perfecto
he cogido
has cogido
ha cogido
hemos cogido
habéis cogido
han cogido

Imperfecto
cogía
cogías
cogía
cogíamos
cogíais
cogían

Pluscuamperfecto
había cogido
habías cogido
había cogido
habíamos cogido
habíais cogido
habían cogido

Indefinido
cogí
cogiste
cogió
cogimos
cogisteis
cogieron

Pretérito anterior
hube cogido
hubiste cogido
hubo cogido
hubimos cogido
hubisteis cogido
hubieron cogido

Futuro simple
cogeré
cogerás
cogerá
cogeremos
cogeréis
cogerán

Futuro compuesto
habré cogido
habrás cogido
habrá cogido
habremos cogido
habréis cogido
habrán cogido

Gerundio

Simple
cogiendo

Compuesto
habiendo cogido

Subjuntivo

Presente
coja
cojas
coja
cojamos
cojáis
cojan

Imperfecto
cogiera/cogiese
cogieras/cogieses
cogiera/cogiese
cogiéramos/cogiésemos
cogierais/cogieseis
cogieran/cogiesen

Perfecto
haya cogido
hayas cogido
haya cogido
hayamos cogido
hayáis cogido
hayan cogido

Pluscuamperfecto
hubiera cogido
hubieras cogido
hubiera cogido
hubiéramos cogido
hubierais cogido
hubieran cogido

Participio
cogido

Condicional

Simple
cogería
cogerías
cogería
cogeríamos
cogeríais
cogerían

Compuesto
habría cogido
habrías cogido
habría cogido
habríamos cogido
habríais cogido
habrían cogido

Imperativo

(tú) coge
(usted) coja
(nosotros) cojamos
(vosotros) coged
(ustedes) cojan

Infinitivo compuesto
haber cogido

Anwendungsbeispiele

¿Puedes **coger** esto? *Kannst du das **nehmen**?*
Cójase de mi mano. *Nehmen Sie meine Hand.*
Pedro **ha cogido** tu móvil. *Pedro hat dein Handy **mitgenommen**.*
No **cojas** la comida del suelo. *Heb das Essen nicht vom Boden **auf**.*
Nunca **cojo** taxis. *Ich nehme nie ein Taxi.*
Cogió flores para ella. *Er pflückte Blumen für sie.*
Le **he cogido cariño**. *Ich habe ihn liebgewonnen.*
Le **cogí** miedo a volar. *Ich bekam Flugangst.*
No debes **coger** siempre al niño en brazos. *Du darfst das Kind nicht immer hochnehmen.*
Creo que **he cogido** frío. *Ich glaube, ich habe mir eine Erkältung **eingefangen**.*
¿**Has cogido** la indirecta? *Hast du die Anspielung **verstanden**?*

 Witz

"Oiga, ¿este balneario es bueno para el reuma?"
"Pues claro, aquí lo cogí yo."

 Ähnliche Verben

adquirir *erwerben*
agarrar *greifen, packen*
atrapar *fangen, fassen*
sujetar *festhalten*
tomar *nehmen*

acoger *aufnehmen*
escoger *aussuchen*
recoger *abholen, sammeln*

 Aufgepasst!

Der Wechsel -g → -j ist eine orthografische Anpassung an die Aussprache des Infinitivs. Er betrifft alle Personen, die auf -o oder -a enden: die 1. Person des Presente de indicativo (cojo), das Presente de subjuntivo (coja, cojas ...) und die Imperativformen, die vom Presente de subjuntivo abgeleitet werden: (usted) coja, (nosotros) cojamos, (ustedes) cojan.

Tipps & Tricks

Das Verb coger ist in manchen Ländern Lateinamerikas tabu, weil es eine sexuelle Bedeutung hat. Mit den Synonymen tomar *nehmen* oder sujetar *festhalten* gehen Sie daher immer auf Nummer sicher.

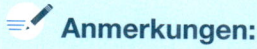 **Anmerkungen:**

conocer *kennen, kennenlernen* -c → -zc

Indicativo

Presente	Perfecto	
conozco	he	conocido
conoces	has	conocido
conoce	ha	conocido
conocemos	hemos	conocido
conocéis	habéis	conocido
conocen	han	conocido

Imperfecto	Pluscuamperfecto	
conocía	había	conocido
conocías	habías	conocido
conocía	había	conocido
conocíamos	habíamos	conocido
conocíais	habíais	conocido
conocían	habían	conocido

Indefinido	Pretérito anterior	
conocí	hube	conocido
conociste	hubiste	conocido
conoció	hubo	conocido
conocimos	hubimos	conocido
conocisteis	hubisteis	conocido
conocieron	hubieron	conocido

Futuro simple	Futuro compuesto	
conoceré	habré	conocido
conocerás	habrás	conocido
conocerá	habrá	conocido
conoceremos	habremos	conocido
conoceréis	habréis	conocido
conocerán	habrán	conocido

Gerundio

Simple	Compuesto	
conociendo	habiendo	conocido

Subjuntivo

Presente
conozca
conozcas
conozca
conozcamos
conozcáis
conozcan

Imperfecto
conociera/conociese
conocieras/conocieses
conociera/conociese
conociéramos/conociésemos
conocierais/conocieseis
conocieran/conociesen

Perfecto	
haya	conocido
hayas	conocido
haya	conocido
hayamos	conocido
hayáis	conocido
hayan	conocido

Pluscuamperfecto	
hubiera	conocido
hubieras	conocido
hubiera	conocido
hubiéramos	conocido
hubierais	conocido
hubieran	conocido

Participio

conocido

Condicional

Simple
conocería
conocerías
conocería
conoceríamos
conoceríais
conocerían

Compuesto	
habría	conocido
habrías	conocido
habría	conocido
habríamos	conocido
habríais	conocido
habrían	conocido

Imperativo

(tú)	conoce
(usted)	conozca
(nosotros)	conozcamos
(vosotros)	conoced
(ustedes)	conozcan

Infinitivo compuesto

haber conocido

Anwendungsbeispiele

¿**Conoces** Buenos Aires? *Kennst du Buenos Aires?*

Ya **conozco a** mucha gente en esta ciudad. *Ich kenne schon viele Leute in dieser Stadt.*

Lo siento, no te **conozco**. *Tut mir leid, ich kenne dich nicht.*

Conocí a Jordi en Barcelona. *Ich lernte Jordi in Barcelona kennen.*

Me alegro mucho de **conocerle**. *Ich freue mich sehr, Sie kennenzulernen.*

Me parece que la **conozco**. *Es kommt mir vor, als würde ich sie kennen.*

La **conozco de** antes. *Ich kenne sie von früher.*

Nos **conocíamos de** vista. *Wir kannten uns vom Sehen.*

¿Te has dado ya a **conocer**? *Hast du dich schon vorgestellt?*

Conocemos la ciudad palmo a palmo. *Wir kennen jeden Winkel dieser Stadt.*

Se conoce que hoy no tiene tiempo. *Es sieht so aus, als ob er heute keine Zeit hätte.*

 Sprichwörter

En las malas se conoce a los amigos. *In der Not erkennt man Freunde.*

Más vale lo malo conocido que lo bueno por conocer. *Das Bewährte ist besser als das Neue, auch wenn das Bewährte schlecht ist und das Neue vielleicht gut.*

 Ähnliche Verben

desconocer *nicht wissen*

reconocer *erkennen*

 Aufgepasst!

Der Wechsel -c → -zc betrifft alle Personen, die auf -o oder -a enden. Da die 1. Person des Presente de indicativo unregelmäßig ist (**conozco**), findet sich dieser Wechsel auch im Presente de subjuntivo (**conozca, conozcas** ...) und in den Imperativformen, die vom Presente de subjuntivo abgeleitet sind: (usted) **conozca**, (nosotros) **conozcamos**, (ustedes) **conozcan**:

Los **conozco** desde hace tiempo. *Ich kenne sie seit langer Zeit.*

 Tipps & Tricks

Den Wechsel -c → -zc gibt es auch bei anderen Verben, die auf -acer, -ecer oder -ucir enden: nacer *geboren werden*, ofrecer *anbieten*, lucir *leuchten*.

 Anmerkungen:

(18) contar *zählen, erzählen*   -o ➞ -ue

Indicativo

Presente
cuento
cuentas
cuenta
contamos
contáis
cuentan

Perfecto
he contado
has contado
ha contado
hemos contado
habéis contado
han contado

Imperfecto
contaba
contabas
contaba
contábamos
contabais
contaban

Pluscuamperfecto
había contado
habías contado
había contado
habíamos contado
habíais contado
habían contado

Indefinido
conté
contaste
contó
contamos
contasteis
contaron

Pretérito anterior
hube contado
hubiste contado
hubo contado
hubimos contado
hubisteis contado
hubieron contado

Futuro simple
contaré
contarás
contará
contaremos
contaréis
contarán

Futuro compuesto
habré contado
habrás contado
habrá contado
habremos contado
habréis contado
habrán contado

Gerundio

Simple
contando

Compuesto
habiendo contado

Subjuntivo

Presente
cuente
cuentes
cuente
contemos
contéis
cuenten

Imperfecto
contara/contase
contaras/contases
contara/contase
contáramos/contásemos
contarais/contaseis
contaran/contasen

Perfecto
haya contado
hayas contado
haya contado
hayamos contado
hayáis contado
hayan contado

Pluscuamperfecto
hubiera contado
hubieras contado
hubiera contado
hubiéramos contado
hubierais contado
hubieran contado

Participio
contado

Condicional

Simple
contaría
contarías
contaría
contaríamos
contaríais
contarían

Compuesto
habría contado
habrías contado
habría contado
habríamos contado
habríais contado
habrían contado

Imperativo
(tú) cuenta
(usted) cuente
(nosotros) contemos
(vosotros) contad
(ustedes) cuenten

Infinitivo compuesto
haber contado

Anwendungsbeispiele

Sé **contar** hasta diez en ruso. *Ich kann auf Russisch bis zehn zählen.*
Su opinión no **cuenta**. *Seine Meinung zählt nicht.*
Por fin nos **contó** lo que pasó. *Endlich erzählte er uns, was passiert ist.*
Cuéntamelo todo. *Erzähl mir alles.*
¿Qué te **cuentas**? *Was gibt's Neues bei dir?*
¡Qué me **cuentas**! *Wie kann das sein?*
Por poco ni lo **cuento**. *Ich wäre dabei fast gestorben.*
Eso **cuéntaselo a** tu abuela. *Das kannst du deiner Großmutter erzählen.*
Mejor ni te **cuento**. *Ich erspare dir lieber die Details.*

 ## Redewendungen

contar con a. c. *mit etw. rechnen*
contar con alg. *auf jdn. zählen*
contar un cuento *ein Märchen erzählen*
contar ovejas *Schäfchen zählen*

 ## Ähnliche Verben

calcular *rechnen, einschätzen*
comentar *besprechen*
leer a. c. a alg. *jdm. etw. vorlesen*
referir *berichten*
relatar *erzählen, schildern*
tener en cuenta *berücksichtigen*

 ## Aufgepasst!

Der Stammvokalwechsel von -o → -ue tritt in den stammbetonten Personen (1., 2., 3. Pers. Sing. und 3. Pers. Pl.) des Presente de indicativo und subjuntivo auf (**cue**nto, **cue**ntas ...). Folgende Imperativformen weisen dieselbe Unregelmäßigkeit auf: (tú) **cue**nta, (usted) **cue**nte, (ustedes) **cue**nten. Die Endungen sind jedoch regelmäßig.

 ## Tipps & Tricks

Folgende Verben werden wie contar konjugiert: acordarse *sich erinnern*, acostarse *ins Bett gehen*, costar *kosten*, demostrar *beweisen*, encontrar *finden*, probar *probieren*, soñar *träumen*.

 ## Anmerkungen:

19 continuar *fortsetzen*

-u ➡ -ú

Indicativo

Presente
continúo
continúas
continúa
continuamos
continuáis
continúan

Perfecto
he continuado
has continuado
ha continuado
hemos continuado
habéis continuado
han continuado

Imperfecto
continuaba
continuabas
continuaba
continuábamos
continuabais
continuaban

Pluscuamperfecto
había continuado
habías continuado
había continuado
habíamos continuado
habíais continuado
habían continuado

Indefinido
continué
continuaste
continuó
continuamos
continuasteis
continuaron

Pretérito anterior
hube continuado
hubiste continuado
hubo continuado
hubimos continuado
hubisteis continuado
hubieron continuado

Futuro simple
continuaré
continuarás
continuará
continuaremos
continuaréis
continuarán

Futuro compuesto
habré continuado
habrás continuado
habrá continuado
habremos continuado
habréis continuado
habrán continuado

Gerundio

Simple
continuando

Compuesto
habiendo continuado

Subjuntivo

Presente
continúe
continúes
continúe
continuemos
continuéis
continúen

Imperfecto
continuara/continuase
continuaras/continuases
continuara/continuase
continuáramos/continuásemos
continuarais/continuaseis
continuaran/continuasen

Perfecto
haya continuado
hayas continuado
haya continuado
hayamos continuado
hayáis continuado
hayan continuado

Pluscuamperfecto
hubiera continuado
hubieras continuado
hubiera continuado
hubiéramos continuado
hubierais continuado
hubieran continuado

Participio
continuado

Condicional

Simple
continuaría
continuarías
continuaría
continuaríamos
continuaríais
continuarían

Compuesto
habría continuado
habrías continuado
habría continuado
habríamos continuado
habríais continuado
habrían continuado

Imperativo
(tú) continúa
(usted) continúe
(nosotros) continuemos
(vosotros) continuad
(ustedes) continúen

Infinitivo compuesto
haber continuado

Anwendungsbeispiele

La calle no **continúa**. _Die Straße **geht** hier nicht **weiter**._
Antes el tren **continuaba por** la costa. _Früher **fuhr** der Zug **weiter an** der Küste entlang._
El artículo **continúa en** la página diez. _Der Artikel **geht auf** Seite zehn **weiter**._
En estas condiciones, no quiero **continuar**. _Unter diesen Bedingungen will ich nicht **weitermachen**._
Emilio **continúa de** camarero. _Emilio **arbeitet weiter als** Kellner._
¡Esto no puede **continuar** así! _So **geht** das nicht **weiter**!_
De **continuar** así, se pondrá enfermo. _Wenn er so **weitermacht**, wird er krank._

Redewendungen

continuar el rumbo _auf Kurs bleiben_
continuar por buen camino _den rechten Weg einschlagen_

 ## Ähnliche Verben

durar _(an)dauern_
mantener(se) _(sich) halten_
permanecer _sich aufhalten, bleiben_
persistir _beharren, andauern_
prolongar(se) _(sich) hinziehen, (sich) verlängern_
proseguir _fortführen_
seguir _weitermachen, folgen_

 ## Aufgepasst!

Einen Akzent tragen die Personen des Singulars und die 3. Person Plural des Presente de indicativo (continúo, continúas, continúan ...) und des Presente de subjuntivo (continúe, continúes, continúen ...) sowie die Imperativformen (tú) continúa, (usted) continúe und (ustedes) continúen. Der Akzent signalisiert, dass bei -úo, -úa etc. das -ú getrennt vom folgenden Vokal auszusprechen ist:
Continúa lloviendo desde este mañana. _Seit heute Vormittag regnet es._

Tipps & Tricks

Folgende Verben lernen Sie am besten zusammen mit continuar: acentuar _betonen_, actuar _handeln_, atenuar _mindern_, devaluar _devaluieren_, evaluar _evaluieren_, habituar(se) _(sich) gewöhnen_, insinuar _andeuten_, situar _stellen_.

 Anmerkungen:

20 creer *glauben*

-i → -y

Indicativo

Presente
creo
crees
cree
creemos
creéis
creen

Perfecto
he creído
has creído
ha creído
hemos creído
habéis creído
han creído

Imperfecto
creía
creías
creía
creíamos
creíais
creían

Pluscuamperfecto
había creído
habías creído
había creído
habíamos creído
habíais creído
habían creído

Indefinido
creí
creíste
creyó
creímos
creísteis
creyeron

Pretérito anterior
hube creído
hubiste creído
hubo creído
hubimos creído
hubisteis creído
hubieron creído

Futuro simple
creeré
creerás
creerá
creeremos
creeréis
creerán

Futuro compuesto
habré creído
habrás creído
habrá creído
habremos creído
habréis creído
habrán creído

Subjuntivo

Presente
crea
creas
crea
creamos
creáis
crean

Imperfecto
creyera/creyese
creyeras/creyeses
creyera/creyese
creyéramos/creyésemos
creyerais/creyeseis
creyeran/creyesen

Perfecto
haya creído
hayas creído
haya creído
hayamos creído
hayáis creído
hayan creído

Pluscuamperfecto
hubiera creído
hubieras creído
hubiera creído
hubiéramos creído
hubierais creído
hubieran creído

Condicional

Simple
creería
creerías
creería
creeríamos
creeríais
creerían

Compuesto
habría creído
habrías creído
habría creído
habríamos creído
habríais creído
habrían creído

Imperativo

(tú) cree
(usted) crea
(nosotros) creamos
(vosotros) creed
(ustedes) crean

Infinitivo compuesto

haber creído

Gerundio

Simple
creyendo

Compuesto
habiendo creído

Participio

creído

Anwendungsbeispiele

Creo que tienes razón. *Ich glaube, dass du recht hast.*
No te **creo**. *Ich glaube dir nicht.*
Creo en una fuerza superior. *Ich glaube an eine höhere Kraft.*
Creemos en ti. *Wir glauben an dich.*
No sé, no **creo**. *Ich weiß nicht, ich glaube nicht.*
No le **creo** capaz de hacer eso. *Ich glaube nicht, dass er dazu fähig ist.*
¡Pero qué **se habrá creído** Luis! *Was hat Luis sich bloß gedacht!*
¡Quién **iba** a **creerlo**! *Wer hätte das für möglich gehalten!*

 **Redewendungen**

creer en a. c./alg. *an etw./jdn. glauben*
creer las palabras *den Worten glauben*
creer a. c./alg. a ciegas *etw./jdm. blind vertrauen*
creerse muy listo *sich für sehr schlau halten*
hacer creer a. c. a alg. *jdm. etw. weismachen*

 Ähnliche Verben

figurarse *glauben, denken*
imaginarse *sich vorstellen*
opinar *meinen*
pensar *denken*
suponer *annehmen, vermuten*

 Aufgepasst!

Aus phonetischen Gründen wird das **-i** der Endung zwischen zwei Vokalen zu **-y**. Diese Änderung betrifft die 3. Person Singular und Plural des Indefinido (**creyó**, **creyeron**) sowie alle Formen des Imperfecto de subjuntivo (**creyera**, **creyese** ...), das vom Indefinido abgeleitet wird. Auch im Gerundio steht das **-y** (**creyendo**). Um den Stamm von der Endung phonetisch zu trennen, tragen manche Formen zusätzlich einen Akzent auf dem **-í**: **creído**.

! **Tipps & Tricks**

Folgende Verben werden wie **creer** konjugiert: **leer** *lesen*, **poseer** *besitzen*, **proveer** *versorgen*.

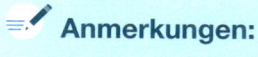 **Anmerkungen:**

(21) cruzar *überqueren, durchkreuzen* -z ➡ -c

Indicativo

Presente	Perfecto	
cruzo	he	cruzado
cruzas	has	cruzado
cruza	ha	cruzado
cruzamos	hemos	cruzado
cruzáis	habéis	cruzado
cruzan	han	cruzado

Imperfecto	Pluscuamperfecto	
cruzaba	había	cruzado
cruzabas	habías	cruzado
cruzaba	había	cruzado
cruzábamos	habíamos	cruzado
cruzabais	habíais	cruzado
cruzaban	habían	cruzado

Indefinido	Pretérito anterior	
crucé	hube	cruzado
cruzaste	hubiste	cruzado
cruzó	hubo	cruzado
cruzamos	hubimos	cruzado
cruzasteis	hubisteis	cruzado
cruzaron	hubieron	cruzado

Futuro simple	Futuro compuesto	
cruzaré	habré	cruzado
cruzarás	habrás	cruzado
cruzará	habrá	cruzado
cruzaremos	habremos	cruzado
cruzaréis	habréis	cruzado
cruzarán	habrán	cruzado

Gerundio

Simple	Compuesto	
cruzando	habiendo	cruzado

Subjuntivo

Presente
cruce
cruces
cruce
crucemos
crucéis
crucen

Imperfecto
cruzara/cruzase
cruzaras/cruzases
cruzara/cruzase
cruzáramos/cruzásemos
cruzarais/cruzaseis
cruzaran/cruzasen

Perfecto	
haya	cruzado
hayas	cruzado
haya	cruzado
hayamos	cruzado
hayáis	cruzado
hayan	cruzado

Pluscuamperfecto	
hubiera	cruzado
hubieras	cruzado
hubiera	cruzado
hubiéramos	cruzado
hubierais	cruzado
hubieran	cruzado

Participio

cruzado

Condicional

Simple
cruzaría
cruzarías
cruzaría
cruzaríamos
cruzaríais
cruzarían

Compuesto	
habría	cruzado
habrías	cruzado
habría	cruzado
habríamos	cruzado
habríais	cruzado
habrían	cruzado

Imperativo

(tú)	cruza
(usted)	cruce
(nosotros)	crucemos
(vosotros)	cruzad
(ustedes)	crucen

Infinitivo compuesto

haber cruzado

cruzar *überqueren, durchkreuzen*

Anwendungsbeispiele

Siga todo recto y **cruce** la calle. *Gehen Sie geradeaus und **überqueren** Sie die Straße.*

No se puede **cruzar por** la Plaza de Salamanca. Está cortada. *Wir können nicht **über** den Salamancaplatz **gehen**. Er ist gesperrt.*

Tenemos que **cruzar** el río. *Wir müssen den Fluss **überqueren**.*

Redewendungen

cruzar los brazos *die Arme verschränken*
cruzar las piernas *die Beine übereinanderschlagen*
cruzar la vista *schielen*
cruzar los dedos a alg. *jdm. die Daumen drücken*
cruzarle la cara a alg. *jdn. ohrfeigen*
cruzarse de acera *die Straßenseite wechseln*
cruzarse en el camino de alg. *sich jdm. in den Weg stellen*
cruzarse con alg. *jdn. zufällig treffen*
cruzarse de brazos *nichts tun, sich ruhig verhalten*
cruzarle la palabra a alg. *das Wort an jdn. richten*
cruzar el charco *den Atlantik überqueren*

Ähnliche Verben

atraversar *durchqueren*
atraversarse *in die Quere kommen*
pasar *durch etw. hindurchgehen*

⚡ Aufgepasst!

Die orthografische Anpassung an die Aussprache des Infinitivs (-z → -c) betrifft die Zeiten und Personen mit der Endung -e bzw. -é: die 1. Person des Indefinido (cru**c**é), das Presente de subjuntivo (cru**c**e, cru**c**es ...) sowie manche Formen des Imperativo: (usted) cru**c**e, (nosotros) cru**c**emos, (ustedes) cru**c**en. Abgesehen von dieser Anpassung ist cruzar regelmäßig.

💡 Tipps & Tricks

Alle Verben, die auf -zar enden, werden wie cruzar konjugiert: adelgazar *abnehmen*, alcanzar *erreichen*, especializar(se) *(sich) spezialisieren*, organizar *organisieren*.

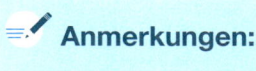 **Anmerkungen:**

77

㉒ **dar** *geben*

Indicativo

Presente
doy
das
da
damos
dais
dan

Perfecto
he dado
has dado
ha dado
hemos dado
habéis dado
han dado

Imperfecto
daba
dabas
daba
dábamos
dabais
daban

Pluscuamperfecto
había dado
habías dado
había dado
habíamos dado
habíais dado
habían dado

Indefinido
di
diste
dio
dimos
disteis
dieron

Pretérito anterior
hube dado
hubiste dado
hubo dado
hubimos dado
hubisteis dado
hubieron dado

Futuro simple
daré
darás
dará
daremos
daréis
darán

Futuro compuesto
habré dado
habrás dado
habrá dado
habremos dado
habréis dado
habrán dado

Gerundio

Simple
dando

Compuesto
habiendo dado

Subjuntivo

Presente
dé
des
dé
demos
deis
den

Imperfecto
diera/diese
dieras/dieses
diera/diese
diéramos/diésemos
dierais/dieseis
dieran/diesen

Perfecto
haya dado
hayas dado
haya dado
hayamos dado
hayáis dado
hayan dado

Pluscuamperfecto
hubiera dado
hubieras dado
hubiera dado
hubiéramos dado
hubierais dado
hubieran dado

Participio
dado

Condicional

Simple
daría
darías
daría
daríamos
daríais
darían

Compuesto
habría dado
habrías dado
habría dado
habríamos dado
habríais dado
habrían dado

Imperativo
(tú) da
(usted) dé
(nosotros) demos
(vosotros) dad
(ustedes) den

Infinitivo compuesto
haber dado

Anwendungsbeispiele

¿Puedes **darme** la sal? *Kannst du **mir** bitte das Salz **geben**?*
Me **han dado** este calendario en el banco. *Sie **haben** mir diesen Kalender in der Bank **gegeben.***
Este árbol **da** siempre muchas manzanas. *Dieser Baum **trägt** immer viele Äpfel.*

,," **Redewendungen**

dar la mano *die Hand geben*
dar un beso *einen Kuss geben*
dar un abrazo *umarmen*
dar a. c. por a. c. *etw. für etw. geben*
dar una patada *einen Fußtritt versetzen*
dar miedo *Angst machen*
dar pena *Mitleid erregen*
dar la bienvenida a alg. *jdn. willkommen heißen*
dar la enhorabuena *Glückwünsche aussprechen*
dar el pésame *Beileid aussprechen*
dar recuerdos *Grüße ausrichten*
dar con alg. *jdn. treffen*

 Ähnliche Verben

entregar *aushändigen, überreichen*
pasar *weitergeben*

 Aufgepasst!

Einsilbige Wörter haben im Spanischen meist keinen Akzent. Er wird nur verwendet, um ähnliche Wörter mit verschiedenen Funktionen voneinander zu unterscheiden („Unterscheidungsakzent"). Das ist z. B. der Fall bei **dé** (1. und 3. Person Singular des Presente de subjuntivo bzw. Höflichkeitsform des Imperativo und **de** (Präposition *von*).

!' Tipps & Tricks

Das Verb dar steht im Spanischen in vielen festen Redewendungen, die im Deutschen ein anderes Verb erfordern. Lernen Sie diese Wendungen als Ganzes und versuchen Sie, sie dabei nicht Wort für Wort zu übersetzen.

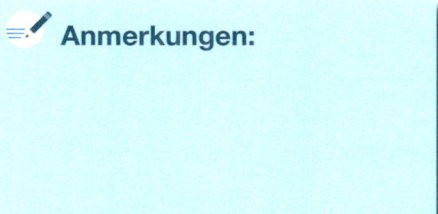
Anmerkungen:

23 **decir** *sagen*

Indicativo

Presente
digo
dices
dice
decimos
decís
dicen

Perfecto
he dicho
has dicho
ha dicho
hemos dicho
habéis dicho
han dicho

Imperfecto
decía
decías
decía
decíamos
decíais
decían

Pluscuamperfecto
había dicho
habías dicho
había dicho
habíamos dicho
habíais dicho
habían dicho

Indefinido
dije
dijiste
dijo
dijimos
dijisteis
dijeron

Pretérito anterior
hube dicho
hubiste dicho
hubo dicho
hubimos dicho
hubisteis dicho
hubieron dicho

Futuro simple
diré
dirás
dirá
diremos
diréis
dirán

Futuro compuesto
habré dicho
habrás dicho
habrá dicho
habremos dicho
habréis dicho
habrán dicho

Gerundio

Simple
diciendo

Compuesto
habiendo dicho

Subjuntivo

Presente
diga
digas
diga
digamos
digáis
digan

Imperfecto
dijera/dijese
dijeras/dijeses
dijera/dijese
dijéramos/dijésemos
dijerais/dijeseis
dijeran/dijesen

Perfecto
haya dicho
hayas dicho
haya dicho
hayamos dicho
hayáis dicho
hayan dicho

Pluscuamperfecto
hubiera dicho
hubieras dicho
hubiera dicho
hubiéramos dicho
hubierais dicho
hubieran dicho

Participio
dicho

Condicional

Simple
diría
dirías
diría
diríamos
diríais
dirían

Compuesto
habría dicho
habrías dicho
habría dicho
habríamos dicho
habríais dicho
habrían dicho

Imperativo

(tú) di
(usted) diga
(nosotros) digamos
(vosotros) decid
(ustedes) digan

Infinitivo compuesto
haber dicho

Anwendungsbeispiele

Siempre me **dices** lo mismo. *Du sagst mir immer das Gleiche.*
Elena **ha dicho** que no viene. *Elena hat gesagt, dass sie nicht kommt.*
Aquí **dice** que no se puede aparcar. *Hier steht, dass man hier nicht parken darf.*
¿Cómo **dices/dice**? *Wie bitte?*
¿**Díga**(me)? *Ja, hallo?*
¡No **digas** tonterías! *Rede keinen Blödsinn!*
No **dijo** ni pío en la reunión. *Er sagte keinen Piep in der Besprechung.*
No tiene importancia, lo **he dicho** para mí. *Es ist nicht wichtig, ich habe es vor mich hin gesagt.*

Witz

¿Qué le dice la leche al azúcar? "En el café nos encontramos."

Ähnliche Verben

bendecir *segnen*
contradecir *widersprechen*
desdecir *nicht entsprechen*
maldecir *verfluchen*
predecir *voraussagen*

Aufgepasst!

Decir weist mehrere Unregelmäßigkeiten auf: die 1. Person Singular des Presente de indicativo mit -g, außerdem zwei verschiedene Stämme für das Indefinido (dij-) sowie für das Futuro und das Condicional simple (dir-). Die Ableitungen bendecir und maldecir haben jedoch ein regelmäßiges Futuro und Condicional: bendeciré, bendeciría, maldeciré, maldeciría.
Das Participio von decir ist ebenfalls unregelmäßig (dicho), bendecir hat ein regelmäßiges Participio (bendecido) und maldecir hat zwei Formen: maldecico, maldito. Maldito wird als Adjektiv verwendet.

Anmerkungen:

dirigir *führen, leiten*

-g → -j

Indicativo

Presente
dirijo
diriges
dirige
dirigimos
dirigís
dirigen

Perfecto
he dirigido
has dirigido
ha dirigido
hemos dirigido
habéis dirigido
han dirigido

Imperfecto
dirigía
dirigías
dirigía
dirigíamos
dirigíais
dirigían

Pluscuamperfecto
había dirigido
habías dirigido
había dirigido
habíamos dirigido
habíais dirigido
habían dirigido

Indefinido
dirigí
dirigiste
dirigió
dirigimos
dirigisteis
dirigieron

Pretérito anterior
hube dirigido
hubiste dirigido
hubo dirigido
hubimos dirigido
hubisteis dirigido
hubieron dirigido

Futuro simple
dirigiré
dirigirás
dirigirá
dirigiremos
dirigiréis
dirigirán

Futuro compuesto
habré dirigido
habrás dirigido
habrá dirigido
habremos dirigido
habréis dirigido
habrán dirigido

Subjuntivo

Presente
dirija
dirijas
dirija
dirijamos
dirijáis
dirijan

Imperfecto
dirigiera/dirigiese
dirigieras/dirigieses
dirigiera/dirigiese
dirigiéramos/dirigiésemos
dirigierais/dirigieseis
dirigieran/dirigiesen

Perfecto
haya dirigido
hayas dirigido
haya dirigido
hayamos dirigido
hayáis dirigido
hayan dirigido

Pluscuamperfecto
hubiera dirigido
hubieras dirigido
hubiera dirigido
hubiéramos dirigido
hubierais dirigido
hubieran dirigido

Condicional

Simple
dirigiría
dirigirías
dirigiría
dirigiríamos
dirigiríais
dirigirían

Compuesto
habría dirigido
habrías dirigido
habría dirigido
habríamos dirigido
habríais dirigido
habrían dirigido

Imperativo
(tú) dirige
(usted) dirija
(nosotros) dirijamos
(vosotros) dirigid
(ustedes) dirijan

Infinitivo compuesto
haber dirigido

Gerundio

Simple
dirigiendo

Compuesto
habiendo dirigido

Participio
dirigido

Anwendungsbeispiele

Mi hermano **dirige** una empresa de construcción. *Mein Bruder **leitet** eine Bau-firma.*

Los pasajeros **se dirigieron al** mostrador de Iberia. *Die Passagiere **begaben sich zum** Iberia-Schalter.*

Me dirijo a usted para presentarme como traductor. *Ich **wende mich an** Sie, um mich als Übersetzer zu bewerben.*

 Redewendungen

dirigir una película *Regie führen*
dirigir la palabra a alg. *das Wort an jdn. richten*
dirigir la vista *den Blick auf etw. richten*
dirigir el tráfico *den Verkehr regeln*
dirigir una pregunta *eine Frage stellen*
dirigirse a un sitio *sich zu einem Ort begeben*
dirigirse a alg. *sich an jdn. wenden*
no dirigirse la palabra *nicht (mehr) miteinander sprechen*

 Ähnliche Verben

conducir *führen*
estar encargado de a. c. *für etw. zuständig sein*
guiar *leiten*
llevar las riendas *die Zügel in der Hand haben*
ser responsable de a. c. *für etw. verantwortlich sein*
presidir *den Vorsitz haben, leiten*

 Aufgepasst!

Der Wechsel -g → -j ist eine orthografische Anpassung an die Aussprache des Infinitivs, die vor -o (1. Person Singular des Presente de indicativo: dirijo) und -a (Presente de subjuntivo: dirija, dirijas ... sowie manche Imperativformen) erfolgt.

=✏ **Anmerkungen:**

83

discernir *unterscheiden*

-e ➞ -ie

Indicativo

Presente
discierno
disciernes
discierne
discernimos
discernís
disciernen

Perfecto
he discernido
has discernido
ha discernido
hemos discernido
habéis discernido
han discernido

Imperfecto
discernía
discernías
discernía
discerníamos
discerníais
discernían

Pluscuamperfecto
había discernido
habías discernido
había discernido
habíamos discernido
habíais discernido
habían discernido

Indefinido
discerní
discerniste
discernió
discernimos
discernisteis
discernieron

Pretérito anterior
hube discernido
hubiste discernido
hubo discernido
hubimos discernido
hubisteis discernido
hubieron discernido

Futuro simple
discerniré
discernirás
discernirá
discerniremos
discerniréis
discernirán

Futuro compuesto
habré discernido
habrás discernido
habrá discernido
habremos discernido
habréis discernido
habrán discernido

Gerundio

Simple
discerniendo

Compuesto
habiendo discernido

Subjuntivo

Presente
discierna
disciernas
discierna
discernamos
discernáis
disciernan

Imperfecto
discerniera/discerniese
discernieras/discernieses
discerniera/discerniese
discerniéramos/discerniésemos
discernierais/discernieseis
discernieran/discerniesen

Perfecto
haya discernido
hayas discernido
haya discernido
hayamos discernido
hayáis discernido
hayan discernido

Pluscuamperfecto
hubiera discernido
hubieras discernido
hubiera discernido
hubiéramos discernido
hubierais discernido
hubieran discernido

Participio
discernido

Condicional

Simple
discerniría
discernirías
discerniría
discerniríamos
discerniríais
discernirían

Compuesto
habría discernido
habrías discernido
habría discernido
habríamos discernido
habríais discernido
habrían discernido

Imperativo
(tú) discierne
(usted) discierna
(nosotros) discernamos
(vosotros) discernid
(ustedes) disciernan

Infinitivo compuesto
haber discernido

Anwendungsbeispiele

Hay que saber **discernir** bien un aspecto de otro. *Man muss den einen Aspekt gut von dem anderen* **unterscheiden** *können.*
No **disciernen** mentira de verdad. *Sie machen keinen Unterschied zwischen Lüge und Wahrheit.*

 Redewendungen

discernir una cosa de otra *eine Sache von einer anderen unterscheiden*
discernir entre dos cosas *zwischen zwei Sachen unterscheiden*
discernir entre lo bueno y lo malo *zwischen Gut und Böse unterscheiden*
discernir un premio a alg. *jdm. einen Preis verleihen*
discernir la tutela a. alg. *jdm. die Vormundschaft übertragen*

 Ähnliche Verben

diferenciar *differenzieren, unterscheiden*
distinguir *unterscheiden, auseinanderhalten*
hacer una distinción *einen Unterschied machen*
notar la diferencia *den Unterschied bemerken*
reconocer la diferencia *den Unterschied erkennen*
ver la diferencia *den Unterschied sehen*

 Aufgepasst!

Die orthografische Anpassung -e → -ie betrifft hauptsächlich die Verben der 1. und 2. Konjugation.
Wie bei diesen Verben wird jedoch auch bei discernir (3. Konj.) das -e zu -ie in den stammbetonten Personen (1., 2., 3. Pers. Sing. und 3. Pers. Pl.) des Presente de indicativo (discierno, disciernes ...) und subjuntivo (discierna, disciernas ...). Die 1. und 2. Person Plural sind regelmäßig.
Die Imperativform (tú) discierne sowie die Imperativformen, die vom Presente de subjuntivo abgeleitet werden, sind ebenfalls unregelmäßig: (usted) discierna, (ustedes) disciernan. Die Endungen sind jedoch regelmäßig.

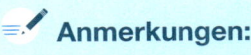

Tipps & Tricks

Folgende Verben werden wie discernir konjugiert: cernir *sieben,* concernir *betreffen.* Sie werden selten in der Umgangssprache gebraucht, sie kommen vor allem in festen Wendungen vor:
por lo que concierne a ... *betreffend ...*

Anmerkungen:

distinguir *unterscheiden, erkennen* -gu → -g

Indicativo

Presente	Perfecto	
distingo	he	distinguido
distingues	has	distinguido
distingue	ha	distinguido
distinguimos	hemos	distinguido
distinguís	habéis	distinguido
distinguen	han	distinguido

Imperfecto	Pluscuamperfecto	
distinguía	había	distinguido
distinguías	habías	distinguido
distinguía	había	distinguido
distinguíamos	habíamos	distinguido
distinguíais	habíais	distinguido
distinguían	habían	distinguido

Indefinido	Pretérito anterior	
distinguí	hube	distinguido
distinguiste	hubiste	distinguido
distinguió	hubo	distinguido
distinguimos	hubimos	distinguido
distinguisteis	hubisteis	distinguido
distinguieron	hubieron	distinguido

Futuro simple	Futuro compuesto	
distinguiré	habré	distinguido
distinguirás	habrás	distinguido
distinguirá	habrá	distinguido
distinguiremos	habremos	distinguido
distinguiréis	habréis	distinguido
distinguirán	habrán	distinguido

Gerundio

Simple	Compuesto	
distinguiendo	habiendo	distinguido

Subjuntivo

Presente
distinga
distingas
distinga
distingamos
distingáis
distingan

Imperfecto
distinguiera/distinguiese
distinguieras/distinguieses
distinguiera/distinguiese
distinguiéramos/distinguiésemos
distinguierais/distinguieseis
distinguieran/distinguiesen

Perfecto	
haya	distinguido
hayas	distinguido
haya	distinguido
hayamos	distinguido
hayáis	distinguido
hayan	distinguido

Pluscuamperfecto	
hubiera	distinguido
hubieras	distinguido
hubiera	distinguido
hubiéramos	distinguido
hubierais	distinguido
hubieran	distinguido

Participio

distinguido

Condicional

Simple
distinguiría
distinguirías
distinguiría
distinguiríamos
distinguiríais
distinguirían

Compuesto	
habría	distinguido
habrías	distinguido
habría	distinguido
habríamos	distinguido
habríais	distinguido
habrían	distinguido

Imperativo

(tú)	distingue
(usted)	distinga
(nosotros)	distingamos
(vosotros)	distinguid
(ustedes)	distingan

Infinitivo compuesto

haber distinguido

Anwendungsbeispiele

Es difícil **distinguir** lo que pone ahí. *Es ist schwer zu* **erkennen**, *was da steht.*
Tú no **distingues entre** un vino bueno y uno malo. *Du kannst nicht* **zwischen** *einem guten und einem schlechten Wein* **unterscheiden**.
El catedrático **distinguió** dos campos de investigación. *Der Professor* **unter**-*schied zwei Forschungsgebiete.*
Puedes **distinguirlas por** la voz. *Du kannst sie an ihrer Stimme* **erkennen**.
Pilar **se distingue por** su elegancia. *Pilar* **zeichnet sich durch** *ihre Eleganz* **aus**.
Desde aquí **se distingue** el bosque. *Von hier aus kann man den Wald* **erkennen**.

Redewendungen

distinguir una cosa de la otra *eine Sache von einer anderen unterscheiden*
distinguir por a. c. *durch etw. unterscheiden*
no distinguir lo blanco de lo negro *sehr beschränkt sein*
distinguir a alg. con su confianza *jdn. durch sein Vertrauen ehren*
distinguirse *deutlich werden*

Ähnliche Verben

apreciar *wahrnehmen*
notar *(be)merken*
diferenciar *differenzieren, unterscheiden*
hacer una distinción *einen Unterschied machen*
reconocer (la diferencia) *(den Unterschied) erkennen*
ver la diferencia *den Unterschied sehen*

⚡ Aufgepasst!

Vor **-o** und **-a** wird **-gu** zu **-g**. Diese orthografische Anpassung an die Aussprache des Infinitivs betrifft die 1. Person Singular des Presente de indicativo, das Presente de subjuntivo sowie einige Imperativformen.

‼ Tipps & Tricks

Lernen Sie zusammen mit distinguir das Verb extinguir (*einen Brand*) *löschen* und seine reflexive Form extinguirse *aussterben*. Beide Verben weisen die gleiche orthografische Besonderheit wie distinguir auf.

 **27** **dormir** *schlafen*

-o → -ue, -o → -u

Indicativo

Presente	**Perfecto**
duermo	he dormido
duermes	has dormido
duerme	ha dormido
dormimos	hemos dormido
dormís	habéis dormido
duermen	han dormido

Imperfecto	**Pluscuamperfecto**
dormía	había dormido
dormías	habías dormido
dormía	había dormido
dormíamos	habíamos dormido
dormíais	habíais dormido
dormían	habían dormido

Indefinido	**Pretérito anterior**
dormí	hube dormido
dormiste	hubiste dormido
durmió	hubo dormido
dormimos	hubimos dormido
dormisteis	hubisteis dormido
durmieron	hubieron dormido

Futuro simple	**Futuro compuesto**
dormiré	habré dormido
dormirás	habrás dormido
dormirá	habrá dormido
dormiremos	habremos dormido
dormiréis	habréis dormido
dormirán	habrán dormido

Gerundio

Simple	**Compuesto**
durmiendo	habiendo dormido

Subjuntivo

Presente
duerma
duermas
duerma
durmamos
durmáis
duerman

Imperfecto
durmiera/durmiese
durmieras/durmieses
durmiera/durmiese
durmiéramos/durmiésemos
durmierais/durmieseis
durmieran/durmiesen

Perfecto
haya dormido
hayas dormido
haya dormido
hayamos dormido
hayáis dormido
hayan dormido

Pluscuamperfecto
hubiera dormido
hubieras dormido
hubiera dormido
hubiéramos dormido
hubierais dormido
hubieran dormido

Participio
dormido

Condicional

Simple
dormiría
dormirías
dormiría
dormiríamos
dormiríais
dormirían

Compuesto
habría dormido
habrías dormido
habría dormido
habríamos dormido
habríais dormido
habrían dormido

Imperativo

(tú) | duerme
(usted) | duerma
(nosotros) | durmamos
(vosotros) | dormid
(ustedes) | duerman

Infinitivo compuesto
haber dormido

Anwendungsbeispiele

Duermo normalmente siete horas. *Ich schlafe normalerweise sieben Stunden.*
No **ha dormido** nada en toda la noche. *Er hat die ganze Nacht nicht geschla-fen.*
Antes **me dormía** enseguida. *Früher konnte ich sofort einschlafen.*
Se me ha dormido la pierna. *Mir ist das Bein eingeschlafen.*
¡Que **duermas** bien! *Schlaf gut!*
Tengo que **dormir** al bebé. *Ich muss das Baby zum Einschlafen bringen.*
No suele **dormir la siesta** en invierno. *Im Winter macht er normalerweise keinen Mittagsschlaf.*

„ Witz

El compañero de Jaimito se ha quedado dormido y el profesor le dice:
"¡Jaimito, despierta a tu compañero!"
"¡Despiértelo usted! Usted le ha dormido."

 Andere Verben

despertar *aufwecken*
despertarse *aufwachen*
levantarse *aufstehen*
no coger el sueño *nicht einschlafen können*
no pegar ojo *kein Auge zumachen*

⚡ Aufgepasst!

Bei dormir treffen zwei Unregelmäßgkeiten aufeinander:
Der Vokalwechsel -o → -ue betrifft die stammbetonten Personen (1., 2., 3. Pers. Sing. und 3. Pers. Pl.) des Presente de indicativo und subjuntivo sowie manche Imperativformen.
Der Wechsel -o → -u kommt in der 3. Person Singular und Plural des Indefinido vor, im Imperfecto de subjuntivo, in der 1. und 2. Person Plural des Presente de subjuntivo sowie im Gerundio.

‼ Tipps & Tricks

Wie dormir wird das Verb morir *sterben* konjugiert. Sein Partizip ist jedoch unre-gelmäßig: muerto.

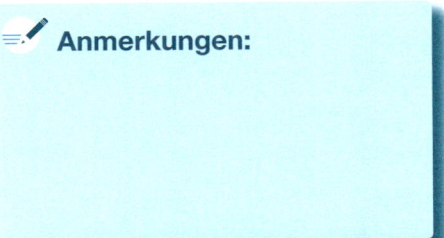
Anmerkungen:

elegir *(aus)wählen, aussuchen* -e → -i, -g → -j

Indicativo

Presente	Perfecto	
elijo	he	elegido
eliges	has	elegido
elige	ha	elegido
elegimos	hemos	elegido
elegís	habéis	elegido
eligen	han	elegido

Imperfecto	Pluscuamperfecto	
elegía	había	elegido
elegías	habías	elegido
elegía	había	elegido
elegíamos	habíamos	elegido
elegíais	habíais	elegido
elegían	habían	elegido

Indefinido	Pretérito anterior	
elegí	hube	elegido
elegiste	hubiste	elegido
eligió	hubo	elegido
elegimos	hubimos	elegido
elegisteis	hubisteis	elegido
eligieron	hubieron	elegido

Futuro simple	Futuro compuesto	
elegiré	habré	elegido
elegirás	habrás	elegido
elegirá	habrá	elegido
elegiremos	habremos	elegido
elegiréis	habréis	elegido
elegirán	habrán	elegido

Gerundio

Simple	Compuesto	
eligiendo	habiendo	elegido

Subjuntivo

Presente
elija
elijas
elija
elijamos
elijáis
elijan

Imperfecto
eligiera/eligiese
eligieras/eligieses
eligiera/eligiese
eligiéramos/eligiésemos
eligierais/eligieseis
eligieran/eligiesen

Perfecto	
haya	elegido
hayas	elegido
haya	elegido
hayamos	elegido
hayáis	elegido
hayan	elegido

Pluscuamperfecto	
hubiera	elegido
hubieras	elegido
hubiera	elegido
hubiéramos	elegido
hubierais	elegido
hubieran	elegido

Participio

elegido

Condicional

Simple
elegiría
elegirías
elegiría
elegiríamos
elegiríais
elegirían

Compuesto	
habría	elegido
habrías	elegido
habría	elegido
habríamos	elegido
habríais	elegido
habrían	elegido

Imperativo

(tú)	elige
(usted)	elija
(nosotros)	elijamos
(vosotros)	elegid
(ustedes)	elijan

Infinitivo compuesto

haber elegido

elegir *(aus)wählen, aussuchen*

 Anwendungsbeispiele

Quiero **elegir** otro color. *Ich will eine andere Farbe* **aussuchen**.

Espero que **elija** una buena universidad. *Ich hoffe, dass er eine gute Uni* **aus-sucht**.

Fue elegido presidente. *Er wurde zum Präsidenten* **gewählt**.

Han elegido capitana del equipo a Trini. *Sie haben Trini zur Spielführerin* **gewählt**.

 Redewendungen

elegir a alguien presidente *jdn. zum Präsidenten wählen*

elegir el camino más fácil/difícil *sich für den einfachsten/schwierigsten Weg entscheiden*

no tener dónde elegir *keine andere Wahl haben*

a elegir *nach Wahl, nach Belieben*

 Ähnliche Verben

designar *aufstellen, bestimmen, bezeichnen*

escoger *aussuchen*

seleccionar *sortieren, auswählen*

votar *wählen, abstimmen*

 Aufgepasst!

Das Verb elegir weist zwei Unregelmäßigkeiten auf:

Der Vokalwechsel -e → -i, der in der 3. Konjugation häufig vorkommt, betrifft die stammbetonten Personen (1., 2., 3. Pers. Sing. und 3. Pers. Pl.) des Presente de indicativo sowie alle Personen des Presente de subjuntivo und die von ihm abge-leiteten Imperativformen. Auch in der 3. Person Singular und Plural des Indefinido sowie im Gerundio finden Sie das -i vor.

Neben dem Vokalwechsel gibt es bei dem Verb elegir eine orthografische Anpas-sung an die Aussprache des Infinitivs: Vor den Endungen -o und -a wird das -g des Stammes zu -j.

 **Tipps & Tricks**

Folgende Verben werden wie elegir konjugiert: corregir *korrigieren*, regir *regieren*.

Anmerkungen:

empezar *beginnen*

-e → -ie, -z → -c

Indicativo

Presente
		Perfecto	
empiezo		he	empezado
empiezas		has	empezado
empieza		ha	empezado
empezamos		hemos	empezado
empezáis		habéis	empezado
empiezan		han	empezado

Imperfecto
	Pluscuamperfecto	
empezaba	había	empezado
empezabas	habías	empezado
empezaba	había	empezado
empezábamos	habíamos	empezado
empezabais	habíais	empezado
empezaban	habían	empezado

Indefinido
	Pretérito anterior	
empecé	hube	empezado
empezaste	hubiste	empezado
empezó	hubo	empezado
empezamos	hubimos	empezado
empezasteis	hubisteis	empezado
empezaron	hubieron	empezado

Futuro simple
	Futuro compuesto	
empezaré	habré	empezado
empezarás	habrás	empezado
empezará	habrá	empezado
empezaremos	habremos	empezado
empezaréis	habréis	empezado
empezarán	habrán	empezado

Gerundio
Simple	Compuesto	
empezando	habiendo	empezado

Subjuntivo

Presente
empiece
empieces
empiece
empecemos
empecéis
empiecen

Imperfecto
empezara/empezase
empezaras/empezases
empezara/empezase
empezáramos/empezásemos
empezarais/empezaseis
empezaran/empezasen

Perfecto
haya	empezado
hayas	empezado
haya	empezado
hayamos	empezado
hayáis	empezado
hayan	empezado

Pluscuamperfecto
hubiera	empezado
hubieras	empezado
hubiera	empezado
hubiéramos	empezado
hubierais	empezado
hubieran	empezado

Participio
empezado

Condicional

Simple
empezaría
empezarías
empezaría
empezaríamos
empezaríais
empezarían

Compuesto
habría	empezado
habrías	empezado
habría	empezado
habríamos	empezado
habríais	empezado
habrían	empezado

Imperativo
(tú)	empieza
(usted)	empiece
(nosotros)	empecemos
(vosotros)	empezad
(ustedes)	empiecen

Infinitivo compuesto
haber empezado

Anwendungsbeispiele

He empezado ya mis estudios. *Ich habe mein Studium bereits begonnen.*
La película **empieza a** las siete. *Der Film fängt um sieben Uhr an.*
Empezaron a pensar en ello hace unos meses. *Sie fingen vor einigen Monaten an, daran zu denken.*
Empecé pintando paisajes. *Am Anfang habe ich (nur) Landschaften gemalt.*

Redewendungen

empezar por a.c. *als Erstes mit etw. beginnen*
empezar a hacer a.c. *beginnen, etw. zu tun*
empezar una botella *eine Flasche anbrechen*
empezar de la nada *sich von ganz unten hocharbeiten*
empezar la carrera *mit dem Studium anfangen*
empezar el pan *das Brot anschneiden*
para empezar *zunächst (einmal)*

Ähnliche Verben

comenzar *anfangen, beginnen*
dar comienzo *eröffnen, einsteigen*
iniciar *beginnen, eröffnen*

Aufgepasst!

Das Verb empezar weist gleichzeitig einen Vokalwechsel und eine orthografische Veränderung auf.
Der Vokalwechsel -e → -ie, der in der 1. Konjugation bei manchen Verben auftritt, betrifft die stammbetonten Personen (1., 2., 3. Pers. Sing. und 3. Pers. Pl.) des Presente de indicativo und des Presente de subjuntivo sowie manche Imperativformen. Zusätzlich zum Vokalwechsel wird aus orthografischen Gründen das -z des Infinitivs vor einem -e bzw. -é immer zu -c. Das ist in der 1. Person Singular des Indefinido der Fall (empecé) und im Presente de subjuntivo (empiece, empieces ...) sowie bei manchen Imperativformen: (usted) empiece, (nosotros) empecemos ...

Tipps & Tricks

Folgende Verben werden wie empezar konjugiert: comenzar *beginnen*, tropezar *stolpern*. Lernen Sie außerdem den Wechsel -z → -c mit anderen Verben zusammen, die ebenfalls auf -zar enden.

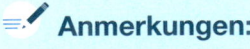 Anmerkungen:

(30) enviar *senden, schicken*

-i → -í

Indicativo

Presente
envío	
envías	
envía	
enviamos	
enviáis	
envían	

Perfecto
he	enviado
has	enviado
ha	enviado
hemos	enviado
habéis	enviado
han	enviado

Imperfecto
enviaba
enviabas
enviaba
enviábamos
enviabais
enviaban

Pluscuamperfecto
había	enviado
habías	enviado
había	enviado
habíamos	enviado
habíais	enviado
habían	enviado

Indefinido
envié
enviaste
envió
enviamos
enviasteis
enviaron

Pretérito anterior
hube	enviado
hubiste	enviado
hubo	enviado
hubimos	enviado
hubisteis	enviado
hubieron	enviado

Futuro simple
enviaré
enviarás
enviará
enviaremos
enviaréis
enviarán

Futuro compuesto
habré	enviado
habrás	enviado
habrá	enviado
habremos	enviado
habréis	enviado
habrán	enviado

Gerundio

Simple
enviando

Compuesto
habiendo enviado

Subjuntivo

Presente
envíe
envíes
envíe
enviemos
enviéis
envíen

Imperfecto
enviara/enviase
enviaras/enviases
enviara/enviase
enviáramos/enviásemos
enviarais/enviaseis
enviaran/enviasen

Perfecto
haya	enviado
hayas	enviado
haya	enviado
hayamos	enviado
hayáis	enviado
hayan	enviado

Pluscuamperfecto
hubiera	enviado
hubieras	enviado
hubiera	enviado
hubiéramos	enviado
hubierais	enviado
hubieran	enviado

Participio
enviado

Condicional

Simple
enviaría
enviarías
enviaría
enviaríamos
enviaríais
enviarían

Compuesto
habría	enviado
habrías	enviado
habría	enviado
habríamos	enviado
habríais	enviado
habrían	enviado

Imperativo
(tú)	envía
(usted)	envíe
(nosotros)	enviemos
(vosotros)	enviad
(ustedes)	envíen

Infinitivo compuesto
haber enviado

Anwendungsbeispiele

Le **envío** mi currículum. *Ich schicke Ihnen meinen Lebenslauf.*
Envíame las fotos cuando puedas. *Schick mir bitte die Fotos, wenn du kannst.*
Puede **enviarme** la factura **por fax**. *Sie können mir die Rechnung faxen.*

 Redewendungen

enviar a alg. por a. c. *jdn. etw. holen lassen*
enviar una carta/un paquete *einen Brief/ein Paket schicken*
enviar un regalo *ein Geschenk schicken*
enviar un correo electrónico *eine E-Mail schicken*
enviar por correo *mit der Post schicken*
enviar por fax *faxen*
enviar por Internet *über das Internet schicken*
enviar una delegación *eine Delegation entsenden*
enviar a casa *nach Hause liefern*

⬤ **Ähnliche Verben**

entregar *zustellen*
mandar *absenden, schicken*
remitir *verschicken*

⚡ **Aufgepasst!**

Die Unregelmäßigkeit dieses Verbs besteht darin, dass manche Zeiten und Personen – im Unterschied zum Infinitiv – einen Akzent tragen: die Personen des Singulars und die 3. Person Plural des Presente de indicativo (**envío**, **envías** ...) und subjuntivo (**envíe**, **envíes** ...) sowie die Imperativformen (tú) **envía**, (usted) **envíe** und (ustedes) **envíen**. Der Akzent zeigt an, dass bei -**ío**, -**ía** etc. das -**í** getrennt vom folgenden Vokal auszusprechen ist:
Envía esta carta a Luis. *Schick Luis diesen Brief.*

Eine ähnliche Unregelmäßigkeit weisen die Verben auf, die auf -**uar** enden.

⚠ **Tipps & Tricks**

Folgende Verben werden wie **enviar** konjugiert: **ampliar** *vergrößern* **confiar** *anvertrauen*, **esquiar** *Ski fahren*, **fiarse** *sich verlassen*, **fotografiar** *fotografieren*, **guiar** *führen*, **vaciar** *entleeren*.

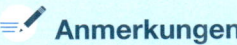 **Anmerkungen:**

31 **erguir** *(hoch)heben, aufrichten*

Indicativo

Presente

yergo/irgo
yergues/irgues
yergue/irgue
erguimos
erguís
yerguen/irguen

Perfecto

he erguido
has erguido
ha erguido
hemos erguido
habéis erguido
han erguido

Imperfecto

erguía
erguías
erguía
erguíamos
erguíais
erguían

Pluscuamperfecto

había erguido
habías erguido
había erguido
habíamos erguido
habíais erguido
habían erguido

Indefinido

erguí
erguiste
irguió
erguimos
erguisteis
irguieron

Pretérito anterior

hube erguido
hubiste erguido
hubo erguido
hubimos erguido
hubisteis erguido
hubieron erguido

Futuro simple

erguiré
erguirás
erguirá
erguiremos
erguiréis
erguirán

Futuro compuesto

habré erguido
habrás erguido
habrá erguido
habremos erguido
habréis erguido
habrán erguido

Gerundio

Simple

irguiendo

Compuesto

habiendo erguido

Subjuntivo

Presente

yerga/irga
yergas/irgas
yerga/irga
yergamos/irgamos
yergáis/irgáis
yergan/irgan

Imperfecto

irguiera/irguiese
irguieras/irguieses
irguiera/irguiese
irguiéramos/irguiésemos
irguierais/irguieseis
irguieran/irguiesen

Perfecto

haya erguido
hayas erguido
haya erguido
hayamos erguido
hayáis erguido
hayan erguido

Pluscuamperfecto

hubiera erguido
hubieras erguido
hubiera erguido
hubiéramos erguido
hubierais erguido
hubieran erguido

Participio

erguido

Condicional

Simple

erguiría
erguirías
erguiría
erguiríamos
erguiríais
erguirían

Compuesto

habría erguido
habrías erguido
habría erguido
habríamos erguido
habríais erguido
habrían erguido

Imperativo

(tú) yergue/irgue
(usted) yerga/irga
(nosotros) yergamos/irgamos
(vosotros) erguid
(ustedes) yergan/irgan

Infinitivo compuesto

haber erguido

Anwendungsbeispiele

A lo lejos **se yergue** la torre de la iglesia. *In der Ferne* **ragt** *der Kirchturm* **empor.**

El caballo **se irguió sobre** las patas traseras. *Das Pferd* **ging auf** *die Hinter-beine.*

 Redewendungen

erguir la cabeza *den Kopf heben*
erguir el cuello *den Hals strecken*
erguirse *sich aufrichten, sich strecken*

 Ähnliche Verben

alzar *hochheben, erheben, emporragen*
destacar *herausragen*
elevar *heben, steigern*
empinar *aufstellen*
enderezar *geradestellen*
levantar *(hoch)heben*
sobresalir *hervorstehen, herausragen*

 Aufgepasst!

Erguir folgt zwei Mustern: dem der Verben, die den Vokalwechsel -e → -ie haben, und dem der Verben, die den Vokalwechsel -e → -i aufweisen.
Die Besonderheit bei erguir besteht darin, dass der Diphthong -ie zu -ye wird – wie sonst häufig im Spanischen auch bei Substantiven. Mit -y oder -i beginnen die stammbetonten Personen (1., 2., 3. Pers. Sing. und 3. Pers. Pl.) des Presente de indicativo, das Presente de subjuntivo, die 2. Person Singular des Imperativo sowie die Imperativformen, die vom Presente de subjuntivo abgeleitet sind. Der Wechsel -e → -i kommt außerdem in der 3. Person des Indefinido vor sowie im Gerundio.
Die Formen mit -y werden häufiger verwendet als die mit -i.

 Anmerkungen:

(32) esparcir *verstreuen, verbreiten*

-c → -z

Indicativo

Presente
	Perfecto	
esparzo	he	esparcido
esparces	has	esparcido
esparce	ha	esparcido
esparcimos	hemos	esparcido
esparcís	habéis	esparcido
esparcen	han	esparcido

Imperfecto
	Pluscuamperfecto	
esparcía	había	esparcido
esparcías	habías	esparcido
esparcía	había	esparcido
esparcíamos	habíamos	esparcido
esparcíais	habíais	esparcido
esparcían	habían	esparcido

Indefinido
	Pretérito anterior	
esparcí	hube	esparcido
esparciste	hubiste	esparcido
esparció	hubo	esparcido
esparcimos	hubimos	esparcido
esparcisteis	hubisteis	esparcido
esparcieron	hubieron	esparcido

Futuro simple
	Futuro compuesto	
esparciré	habré	esparcido
esparcirás	habrás	esparcido
esparcirá	habrá	esparcido
esparciremos	habremos	esparcido
esparciréis	habréis	esparcido
esparcirán	habrán	esparcido

Gerundio

Simple
	Compuesto
esparciendo	habiendo esparcido

Subjuntivo

Presente
esparza
esparzas
esparza
esparzamos
esparzáis
esparzan

Imperfecto
esparciera/esparciese
esparcieras/esparcieses
esparciera/esparciese
esparciéramos/esparciésemos
esparcierais/esparcieseis
esparcieran/esparciesen

Perfecto
haya	esparcido
hayas	esparcido
haya	esparcido
hayamos	esparcido
hayáis	esparcido
hayan	esparcido

Pluscuamperfecto
hubiera	esparcido
hubieras	esparcido
hubiera	esparcido
hubiéramos	esparcido
hubierais	esparcido
hubieran	esparcido

Participio
esparcido

Condicional

Simple
esparciría
esparcirías
esparciría
esparciríamos
esparciríais
esparcirían

Compuesto
habría	esparcido
habrías	esparcido
habría	esparcido
habríamos	esparcido
habríais	esparcido
habrían	esparcido

Imperativo
(tú)	esparce
(usted)	esparza
(nosotros)	esparzamos
(vosotros)	esparcid
(ustedes)	esparzan

Infinitivo compuesto
haber esparcido

Anwendungsbeispiele

El viento **esparció** las hojas. *Der Wind **wehte** die Blätter **weg**.*
¡No **esparzas** la sal **por** la mesa! *Streu bitte das Salz nicht **auf** den Tisch!*
Los campesinos **esparcen** las semillas en primavera. *Die Bauern säen im Frühling.*
El olor **se esparció** rápidamente. *Der Duft **verbreitete sich** rasch.*
Di un paseo para **esparcirme** un poco. *Ich ging spazieren, um **mich** ein bisschen zu **entspannen**.*

💬 **Redewendungen**

esparcir agua *Wasser sprengen*
esparcir semillas *säen*
esparcir las cenizas de alg. *jds. Asche verstreuen*
esparcir una mancha *einen Fleck größer machen*
esparcir una noticia *eine Nachricht verbreiten*
esparcirse como el humo *sich in Windeseile verbreiten*

🔄 **Ähnliche Verben**

difundir(se) *(sich) ausbreiten, (sich) verbreiten*
distribuir(se) *(sich) verteilen*
divulgar(se) *(sich) verbreiten*
extender(se) *(sich) ausbreiten, verstreichen*
repartir(se) *(sich) verteilen, (sich) aufteilen*

⚡ **Aufgepasst!**

Die orthografische Anpassung an die Aussprache des Infinitivs (-c → -z) betrifft die Formen mit der Endung -o bzw. -a. Es handelt sich hier um die 1. Person des Presente de indicativo (esparzo), alle Formen des Presente de subjuntivo (esparza, esparzas etc.) sowie die Imperativformen, die vom Presente de subjuntivo abgeleitet werden: (usted) esparza, (nosotros) esparzamos, (ustedes) esparzan.

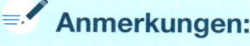 **Anmerkungen:**

(33) **forzar** *zwingen*

-o → -ue, -z → -c

Indicativo

Presente
fuerzo
fuerzas
fuerza
forzamos
forzáis
fuerzan

Perfecto
he   forzado
has   forzado
ha   forzado
hemos   forzado
habéis   forzado
han   forzado

Imperfecto
forzaba
forzabas
forzaba
forzábamos
forzabais
forzaban

Pluscuamperfecto
había   forzado
habías   forzado
había   forzado
habíamos   forzado
habíais   forzado
habían   forzado

Indefinido
forcé
forzaste
forzó
forzamos
forzasteis
forzaron

Pretérito anterior
hube   forzado
hubiste   forzado
hubo   forzado
hubimos   forzado
hubisteis   forzado
hubieron   forzado

Futuro simple
forzaré
forzarás
forzará
forzaremos
forzaréis
forzarán

Futuro compuesto
habré   forzado
habrás   forzado
habrá   forzado
habremos   forzado
habréis   forzado
habrán   forzado

Subjuntivo

Presente
fuerce
fuerces
fuerce
forcemos
forcéis
fuercen

Imperfecto
forzara/forzase
forzaras/forzases
forzara/forzase
forzáramos/forzásemos
forzarais/forzaseis
forzaran/forzasen

Perfecto
haya   forzado
hayas   forzado
haya   forzado
hayamos   forzado
hayáis   forzado
hayan   forzado

Pluscuamperfecto
hubiera   forzado
hubieras   forzado
hubiera   forzado
hubiéramos   forzado
hubierais   forzado
hubieran   forzado

Condicional

Simple
forzaría
forzarías
forzaría
forzaríamos
forzaríais
forzarían

Compuesto
habría   forzado
habrías   forzado
habría   forzado
habríamos   forzado
habríais   forzado
habrían   forzado

Imperativo

(tú)   fuerza
(usted)   fuerce
(nosotros)   forcemos
(vosotros)   forzad
(ustedes)   fuercen

Infinitivo compuesto

haber forzado

Gerundio

Simple
forzando

Compuesto
habiendo   forzado

Participio

forzado

Anwendungsbeispiele

No queremos **forzar** a nadie. *Wir wollen niemanden zwingen.*
Le **fuerzan a** tomar la decisión. *Sie zwingen ihn, die Entscheidung zu fällen.*
Forzaron la puerta y entraron en el piso. *Sie brachen die Tür auf und traten in die Wohnung ein.*

Redewendungen

forzar la amistad *die Freundschaft überstrapazieren*
forzar a alg. *jdn. vergewaltigen*
forzar una situación *eine Situation erzwingen*
forzar un resultado *ein Ergebnis erzwingen*
forzar la voz *die Stimme überanstrengen*
forzar a alg. a entrar *jdn. zwingen, hineinzugehen*
forzarse a comer *sich zum Essen zwingen*

Ähnliche Verben

esforzar *anstrengen, beanspruchen*
esforzarse *sich bemühen, sich anstrengen*
reforzar *verstärken*

⚡ Aufgepasst!

Der Vokalwechsel -o → -ue betrifft die stammbetonten Personen (1., 2., 3. Pers. Sing. und 3. Pers. Pl.) des Presente de indicativo (**fuer**zo, **fuer**zas ...) und subjuntivo (**fuer**ce, **fuer**ces ...) sowie fo gende Imperativformen: (tú) **fuer**za, (usted) **fuer**ce, (ustedes) **fuer**cen.

Die orthografische Anpassung an die Aussprache des Infinitivs (-z → -c) betrifft die Zeiten und Personen mit der Endung -e bzw. -é: die 1. Person des Indefinido (for**c**é), alle Formen des Presente de subjuntivo (fuer**c**es, fuer**c**e ...) sowie einige Imperativformen: (usted) fuer**c**e, (nosotros) for**c**emos, (ustedes) fuer**c**en. In allen anderen Formen ist das Verb for**z**ar dagegen regelmäßig.

⚠ Tipps & Tricks

Wie (re)forzar wird auch almorzar *zu Mittag essen* konjugiert. Ähnliche Verben können Sie sich durch Reime einprägen: No almuerzo, si antes no me esfuerzo. *Ich esse nicht zu Mittag, wenn ich mich vorher nicht anstrenge.*

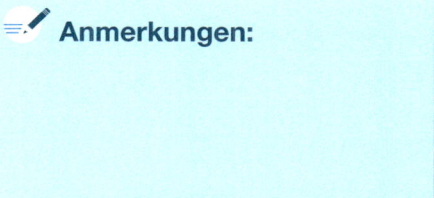

Anmerkungen:

34 **hacer** *tun, machen*

Indicativo

Presente
hago
haces
hace
hacemos
hacéis
hacen

Perfecto
he hecho
has hecho
ha hecho
hemos hecho
habéis hecho
han hecho

Imperfecto
hacía
hacías
hacía
hacíamos
hacíais
hacían

Pluscuamperfecto
había hecho
habías hecho
había hecho
habíamos hecho
habíais hecho
habían hecho

Indefinido
hice
hiciste
hizo
hicimos
hicisteis
hicieron

Pretérito anterior
hube hecho
hubiste hecho
hubo hecho
hubimos hecho
hubisteis hecho
hubieron hecho

Futuro simple
haré
harás
hará
haremos
haréis
harán

Futuro compuesto
habré hecho
habrás hecho
habrá hecho
habremos hecho
habréis hecho
habrán hecho

Gerundio

Simple
haciendo

Compuesto
habiendo hecho

Subjuntivo

Presente
haga
hagas
haga
hagamos
hagáis
hagan

Imperfecto
hiciera/hiciese
hicieras/hicieses
hiciera/hiciese
hiciéramos/hiciésemos
hicierais/hicieseis
hicieran/hiciesen

Perfecto
haya hecho
hayas hecho
haya hecho
hayamos hecho
hayáis hecho
hayan hecho

Pluscuamperfecto
hubiera hecho
hubieras hecho
hubiera hecho
hubiéramos hecho
hubierais hecho
hubieran hecho

Participio

hecho

Condicional

Simple
haría
harías
haría
haríamos
haríais
harían

Compuesto
habría hecho
habrías hecho
habría hecho
habríamos hecho
habríais hecho
habrían hecho

Imperativo

(tú) haz
(usted) haga
(nosotros) hagamos
(vosotros) haced
(ustedes) hagan

Infinitivo compuesto

haber hecho

Anwendungsbeispiele

Siempre **hacen** lo que quieren. *Sie machen immer, was sie wollen.*
¿Y ahora qué **hago**? *Und was mache ich jetzt?*
Hace frío. *Es ist kalt.*
La conocí **hace** una semana. *Ich lernte sie vor einer Woche kennen.*
Voy a **hacer** la maleta. *Ich werde den Koffer packen.*
¿Puedes **hacerme** un favor? *Kannst du mir einen Gefallen tun?*
Vuestro regalo **me ha hecho** mucha **ilusión**. *Ich habe mich sehr über euer Geschenk gefreut.*
Rafael siempre **se hace** el sueco. *Rafael stellt sich immer dumm.*

 Sprichwörter

Nunca es tarde para hacer bien. *Es ist nie zu spät, um etwas Gutes zu tun.*
Hazte de miel y te comerán las moscas. *Wer mit den Wölfen heult, wird von den Wölfen gefressen.*
Quien hace la ley, hace la trampa. *Jedes Gesetz hat seine Hintertürchen.*

 Ähnliche Verben

contrahacer *nachahmen, fälschen*
deshacer *lösen, zerlegen, auftrennen*
rehacer *noch einmal machen, wiederherstellen*

 Gebrauch

Das Verb hacer wird nicht nur in vielen festen Redewendungen und Sprichwörtern verwendet, sondern auch als unpersönliche Form, um über das Wetter zu sprechen:
Hace buen/mal tiempo. *Es ist gutes/schlechtes Wetter.*
Hace frío/calor. *Es ist kalt/warm.*
Außerdem wird die Form hace/hacía als Präposition verwendet, um Zeitangaben zu machen:
hace un mes *vor einem Monat*, desde hace unos días *seit ein paar Tagen.*

 Anmerkungen:

(35) influir *beeinflussen*

Indicativo

Presente
influyo
influyes
influye
influimos
influís
influyen

Perfecto
he influido
has influido
ha influido
hemos influido
habéis influido
han influido

Imperfecto
influía
influías
influía
influíamos
influíais
influían

Pluscuamperfecto
había influido
habías influido
había influido
habíamos influido
habíais influido
habían influido

Indefinido
influí
influiste
influyó
influimos
influisteis
influyeron

Pretérito anterior
hube influido
hubiste influido
hubo influido
hubimos influido
hubisteis influido
hubieron influido

Futuro simple
influiré
influirás
influirá
influiremos
influiréis
influirán

Futuro compuesto
habré influido
habrás influido
habrá influido
habremos influido
habréis influido
habrán influido

Gerundio

Simple
influyendo

Compuesto
habiendo influido

Subjuntivo

Presente
influya
influyas
influya
influyamos
influyáis
influyan

Imperfecto
influyera/influyese
influyeras/influyeses
influyera/influyese
influyéramos/influyésemos
influyerais/influyeseis
influyeran/influyesen

Perfecto
haya influido
hayas influido
haya influido
hayamos influido
hayáis influido
hayan influido

Pluscuamperfecto
hubiera influido
hubieras influido
hubiera influido
hubiéramos influido
hubierais influido
hubieran influido

Participio
influido

Condicional

Simple
influiría
influirías
influiría
influiríamos
influiríais
influirían

Compuesto
habría influido
habrías influido
habría influido
habríamos influido
habríais influido
habrían influido

Imperativo
(tú) influye
(usted) influya
(nosotros) influyamos
(vosotros) influid
(ustedes) influyan

Infinitivo compuesto
haber influido

Anwendungsbeispiele

El efecto invernadero **influye en** el cambio climático. *Der Treibhauseffekt* ***beeinflusst** den Klimawandel.*

Su situación laboral le **influyó** mucho. *Seine Arbeitssituation **beeinflusste** ihn sehr.*

¡No te dejes **influir por** ellos! *Lass dich nicht **von** ihnen **beeinflussen**!*

 Redewendungen

influir en una decisión *eine Entscheidung beeinflussen*
influir en la vida de alg. *jds. Leben beeinflussen*
influir en un resultado *ein Ergebnis beeinflussen*

 Ähnliche Verben

cooperar *mithelfen, beitragen*
empujar *drängen*
incitar *anstiften*
inducir *verleiten*
insistir *beharren, drängen*
instar *inständig bitten*
mediatizar *einschränken, mediatisieren*
obligar *zwingen*
tener influencia *Einfluss haben*

 Aufgepasst!

Der Wechsel **-i → -y** betrifft alle Formen, deren Endung nicht mit **-i** beginnt: die stammbetonten Personen (1., 2., 3. Pers. Sing. und 3. Pers. Pl.) des Presente de indicativo (**influyo, influyes** ...), das Presente de subjuntivo (**influya, influyas** ...) und folgende Imperativformen: **(tú) influye, (usted) influya, (nosotros) influyamos, (ustedes) influyan**. Unregelmäßig sird auch die 3. Person Singular und Plural des Indefinido (**influyó, influyeron**), das Imperfecto de subjuntivo (**influyera** ...) und das Gerundio (**influyendo**).

 Tipps & Tricks

Lernen Sie das Verb **influir** mit allen Verben zusammen, deren Infinitiv auf **-uir** endet, z. B.: **construir** *bauen*, **concluir** *abschließen*, **destruir** *zerstören*, **excluir** *ausschließen*, **incluir** *einschließen*, **sustituir** *ersetzen*.

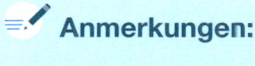 **Anmerkungen:**

ir *gehen, fahren*

Indicativo

Presente	Perfecto	
voy	he	ido
vas	has	ido
va	ha	ido
vamos	hemos	ido
vais	habéis	ido
van	han	ido

Imperfecto	Pluscuamperfecto	
iba	había	ido
ibas	habías	ido
iba	había	ido
íbamos	habíamos	ido
ibais	habíais	ido
iban	habían	ido

Indefinido	Pretérito anterior	
fui	hube	ido
fuiste	hubiste	ido
fue	hubo	ido
fuimos	hubimos	ido
fuisteis	hubisteis	ido
fueron	hubieron	ido

Futuro simple	Futuro compuesto	
iré	habré	ido
irás	habrás	ido
irá	habrá	ido
iremos	habremos	ido
iréis	habréis	ido
irán	habrán	ido

Gerundio

Simple	Compuesto	
yendo	habiendo	ido

Subjuntivo

Presente
vaya
vayas
vaya
vayamos
vayáis
vayan

Imperfecto
fuera/fuese
fueras/fueses
fuera/fuese
fuéramos/fuésemos
fuerais/fueseis
fueran/fuesen

Perfecto	
haya	ido
hayas	ido
haya	ido
hayamos	ido
hayáis	ido
hayan	ido

Pluscuamperfecto	
hubiera	ido
hubieras	ido
hubiera	ido
hubiéramos	ido
hubierais	ido
hubieran	ido

Participio

ido

Condicional

Simple
iría
irías
iría
iríamos
iríais
irían

Compuesto	
habría	ido
habrías	ido
habría	ido
habríamos	ido
habríais	ido
habrían	ido

Imperativo

(tú)	ve
(usted)	vaya
(nosotros)	vamos
(vosotros)	id
(ustedes)	vayan

Infinitivo compuesto

haber ido

Anwendungsbeispiele

Voy mucho **a** bailar. *Ich gehe oft tanzen.*
¿Cómo **vas a** Italia? ¿**Vas en** coche, **en** tren o **en** avión? *Wie fährst du nach Italien? Fährst du mit dem Auto oder dem Zug oder fliegst du?*
Ese color no **me va**. *Diese Farbe mag ich nicht/passt mir nicht.*
¿Pero de qué **vas**? *Was ist mit dir los?*
Un momento, **vayamos por** partes. *Einen Moment, gehen wir schrittweise vor.*
El sábado **vamos a ir al** cine. *Samstag werden wir ins Kino gehen.*
Voy haciendo las maletas para el viaje. *Ich packe langsam für die Reise.*
¿Ya **te vas**? Todavía es pronto. *Gehst du schon (weg)? Es ist noch früh.*

 Witz

"¿Cómo le van los estudios de violín a tu hijo?"
"Pues muy bien. Le van a dar una beca para ir a estudiar a Austria."
"¿Quién le va a dar la beca? ¿El Gobierno?"
"No, los vecinos."

 Andere Verben

frenar *bremsen*
pararse *anhalten*
retroceder *zurückgehen*
volver *zurückkehren*

 Gebrauch

Die Verben *gehen*, *fahren*, *fliegen* entsprechen einem einzigen Verb im Spanischen: ir. Außerdem wird ir vor einem Infinitiv verwendet, um über zukünftige Handlungen zu sprechen, die einen Plan beeinhalten:
Le van a dar una beca. *Er wird ein Stipendium bekommen.*
Vor einem Gerundio steht ir ebenfalls, um den allmählichen Verlauf einer Handlung auszudrücken:
Vamos saliendo de la crisis. *Wir kommen langsam aus der Krise heraus.*

!‼ Tipps & Tricks

Arbeiten Sie mit Karteikarten, eine Karte pro Verbzeit: Auf der Vorderseite steht der Infinitiv (z. B. ir) und die Zeit (z. B. Presente), auf die Rückseite schreiben Sie alle Personen.

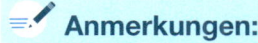 **Anmerkungen:**

(37) jugar *spielen*

-u → -ue, -g → -gu

Indicativo

Presente	Perfecto	
juego	he	jugado
juegas	has	jugado
juega	ha	jugado
jugamos	hemos	jugado
jugáis	habéis	jugado
juegan	han	jugado

Imperfecto	Pluscuamperfecto	
jugaba	había	jugado
jugabas	habías	jugado
jugaba	había	jugado
jugábamos	habíamos	jugado
jugabais	habíais	jugado
jugaban	habían	jugado

Indefinido	Pretérito anterior	
jugué	hube	jugado
jugaste	hubiste	jugado
jugó	hubo	jugado
jugamos	hubimos	jugado
jugasteis	hubisteis	jugado
jugaron	hubieron	jugado

Futuro simple	Futuro compuesto	
jugaré	habré	jugado
jugarás	habrás	jugado
jugará	habrá	jugado
jugaremos	habremos	jugado
jugaréis	habréis	jugado
jugarán	habrán	jugado

Gerundio

Simple	Compuesto	
jugando	habiendo	jugado

Subjuntivo

Presente
juegue
juegues
juegue
juguemos
juguéis
jueguen

Imperfecto
jugara/jugase
jugaras/jugases
jugara/jugase
jugáramos/jugásemos
jugarais/jugaseis
jugaran/jugasen

Perfecto	
haya	jugado
hayas	jugado
haya	jugado
hayamos	jugado
hayáis	jugado
hayan	jugado

Pluscuamperfecto	
hubiera	jugado
hubieras	jugado
hubiera	jugado
hubiéramos	jugado
hubierais	jugado
hubieran	jugado

Participio

jugado

Condicional

Simple
jugaría
jugarías
jugaría
jugaríamos
jugaríais
jugarían

Compuesto	
habría	jugado
habrías	jugado
habría	jugado
habríamos	jugado
habríais	jugado
habrían	jugado

Imperativo

(tú)	juega
(usted)	juegue
(nosotros)	juguemos
(vosotros)	jugad
(ustedes)	jueguen

Infinitivo compuesto

haber jugado

108

Anwendungsbeispiele

¿Queréis **jugar con** nosotros? *Wollt ihr **mit** uns **spielen**?*

Teo **juega** muy bien **al** fútbol. *Teo **spielt** sehr gut Fußball.*

Ayer **jugué a** las cartas y gané. *Gestern **spielte ich** Karten und gewann.*

¿Qué te **juegas**? *Wollen wir wetten?*

Redewendungen

jugar al tenis *Tennis spielen*

jugar de portero *als Torwart spielen*

jugar limpio/sucio *fair/unfair spielen*

jugar un papel *eine Rolle spielen*

jugar un partido de fútbol *an einem Fußballspiel teilnehmen*

jugar una partida de ajedrez *eine Partie Schach spielen*

jugar en bolsa *an der Börse spekulieren*

jugarse el todo por el todo *alles auf eine Karte setzen*

jugársela *alles riskieren*

Ähnliche Verben

actuar *eine Rolle (im Kino, Theater) spielen*

interpretar *eine Rolle (im Kino, Theater) interpretieren*

juguetear *herumspielen*

tocar *ein Instrument spielen*

Aufgepasst!

Der Wechsel -u → -ue betrifft die stammbetonten Personen (1., 2., 3. Pers. Sing. und 3. Pers. Pl.) des Presente de indicativo (**jue**go, **jue**gas ...) und subjuntivo (**jue**gue, **jue**gues ...) sowie folgende Imperativformen: (tú) **jue**ga, (usted) **jue**gue, (ustedes) **jue**guen.

Hinzu kommt eine orthografische Anpassung an die Aussprache des Infinitivs bei den Formen mit der Endung -é bzw. -e: 1. Person des Indefinido (ju**gu**é), das Presente de subjuntivo (jue**gu**e, jue**gu**es ...) sowie einige Imperativformen.

Anmerkungen:

38 **llegar** *ankommen*

-g → -gu

Indicativo

Presente	Perfecto	
llego	he	llegado
llegas	has	llegado
llega	ha	llegado
llegamos	hemos	llegado
llegáis	habéis	llegado
llegan	han	llegado

Imperfecto	Pluscuamperfecto	
llegaba	había	llegado
llegabas	habías	llegado
llegaba	había	llegado
llegábamos	habíamos	llegado
llegabais	habíais	llegado
llegaban	habían	llegado

Indefinido	Pretérito anterior	
llegué	hube	llegado
llegaste	hubiste	llegado
llegó	hubo	llegado
llegamos	hubimos	llegado
llegasteis	hubisteis	llegado
llegaron	hubieron	llegado

Futuro simple	Futuro compuesto	
llegaré	habré	llegado
llegarás	habrás	llegado
llegará	habrá	llegado
llegaremos	habremos	llegado
llegaréis	habréis	llegado
llegarán	habrán	llegado

Gerundio

Simple	Compuesto	
llegando	habiendo	llegado

Subjuntivo

Presente
llegue
llegues
llegue
lleguemos
lleguéis
lleguen

Imperfecto
llegara/llegase
llegaras/llegases
llegara/llegase
llegáramos/llegásemos
llegarais/llegaseis
llegaran/llegasen

Perfecto	
haya	llegado
hayas	llegado
haya	llegado
hayamos	llegado
hayáis	llegado
hayan	llegado

Pluscuamperfecto	
hubiera	llegado
hubieras	llegado
hubiera	llegado
hubiéramos	llegado
hubierais	llegado
hubieran	llegado

Participio

llegado

Condicional

Simple
llegaría
llegarías
llegaría
llegaríamos
llegaríais
llegarían

Compuesto	
habría	llegado
habrías	llegado
habría	llegado
habríamos	llegado
habríais	llegado
habrían	llegado

Imperativo

(tú)	llega
(usted)	llegue
(nosotros)	lleguemos
(vosotros)	llegad
(ustedes)	lleguen

Infinitivo compuesto

haber llegado

Anwendungsbeispiele

El tren **ha llegado** a tiempo. *Der Zug ist rechzeitig* **angekommen.**
Llegué a Granada a las cinco. *Ich kam um fünf Uhr in Granada an.*
No **llego al** techo de la habitación. *Ich komme nicht an die Zimmerdecke.*
El dinero que gano no **me llega** para nada. *Das Geld, das ich verdiene, reicht
mir nicht.*
Llegamos a pensar que habías tenido un accidente. *Wir haben sogar
gedacht, dass du einen Unfall hattest.*

 Redewendungen

llegar a un sitio *einen Ort erreichen*
llegar a la meta *ans Ziel kommen*
llegar a un acuerdo *eine Vereinbarung treffen, sich einigen*
llegar a ser *werden*
llegar a viejo *alt werden*
llegar a la conclusión *zu dem Schluss kommen*
llegar tarde/pronto *spät/früh ankommen*
llegar y besar el santo *im Nu etw. erledigen können*
estar al llegar *jeden Augenblick ankommen*
llegar al alma *unter die Haut gehen*

 Ähnliche Verben

alcanzar *reichen*
conseguir *erreichen*

⚡ **Aufgepasst!**

Der Wechsel -g → -gu betrifft alle Formen mit der Endung -é bzw. -e: die 1. Person des Indefinido (**llegué**), das Presente de subjuntivo (**llegue, llegues** ...) und die Imperativformen, die vom Presente de subjuntivo abgeleitet werden: (usted)
llegue, (nosotros) **lleguemos**, (ustedes) **lleguen**. Das Verb ist abgesehen von dieser Ausnahme regelmäßig.

Tipps & Tricks

Sie kennen bestimmt andere Verben der 1. Konjugation, die auf -gar enden (apagar *ausschalten*, navegar *navigieren*, entregar *abgeben*, pagar *zahlen*). Beachten Sie auch hier die Schreibung -gu vor -é bzw. -e.

 **Anmerkungen:**

(39) lucir *leuchten*

−c ➞ −zc

Indicativo

Presente	Perfecto	
luzco	he	lucido
luces	has	lucido
luce	ha	lucido
lucimos	hemos	lucido
lucís	habéis	lucido
lucen	han	lucido

Imperfecto	Pluscuamperfecto	
lucía	había	lucido
lucías	habías	lucido
lucía	había	lucido
lucíamos	habíamos	lucido
lucíais	habíais	lucido
lucían	habían	lucido

Indefinido	Pretérito anterior	
lucí	hube	lucido
luciste	hubiste	lucido
lució	hubo	lucido
lucimos	hubimos	lucido
lucisteis	hubisteis	lucido
lucieron	hubieron	lucido

Futuro simple	Futuro compuesto	
luciré	habré	lucido
lucirás	habrás	lucido
lucirá	habrá	lucido
luciremos	habremos	lucido
luciréis	habréis	lucido
lucirán	habrán	lucido

Gerundio

Simple	Compuesto	
luciendo	habiendo	lucido

Subjuntivo

Presente
luzca
luzcas
luzca
luzcamos
luzcáis
luzcan

Imperfecto
luciera/luciese
lucieras/lucieses
luciera/luciese
luciéramos/luciésemos
lucierais/lucieseis
lucieran/luciesen

Perfecto	
haya	lucido
hayas	lucido
haya	lucido
hayamos	lucido
hayáis	lucido
hayan	lucido

Pluscuamperfecto	
hubiera	lucido
hubieras	lucido
hubiera	lucido
hubiéramos	lucido
hubierais	lucido
hubieran	lucido

Participio

lucido

Condicional

Simple
luciría
lucirías
luciría
luciríamos
luciríais
lucirían

Compuesto	
habría	lucido
habrías	lucido
habría	lucido
habríamos	lucido
habríais	lucido
habrían	lucido

Imperativo

(tú)	luce
(usted)	luzca
(nosotros)	luzcamos
(vosotros)	lucid
(ustedes)	luzcan

Infinitivo compuesto

haber lucido

Anwendungsbeispiele

Hoy **luce** mucho el sol. *Heute **scheint** die Sonne besonders stark.*
Las estrellas **lucen en** la noche. *Die Sterne **leuchten in** der Nacht.*
Esta bombilla no **luce** casi nada. *Diese Glühbirne **gibt** fast **kein Licht**.*
Le **luce** la felicidad en la mirada. *Sein Blick **strahlt** vor Glück.*
Limpio, pero no **me luce**. *Ich mache sauber, aber man sieht nicht viel davon.*
Espero que nos **luzcamos** con la cena. *Ich hoffe, dass wir mit dem Abendessen gut **ankommen**.*
El trabajo que hacen no **luce**. *Die Arbeit, die sie machen, **zahlt sich** nicht **aus**.*
Ahora sí que nos **hemos lucido**. *Jetzt haben wir uns aber wirklich dumm angestellt.*

 Redewendungen

lucir con orgullo a. c. *mit Stolz etw. tragen*
lucirse al lado de alg. *sich gerne an jds. Seite zeigen*

 Ähnliche Verben

brillar *glänzen*
dar luz *beleuchten*
exhibirse *sich zeigen*
iluminar *erleuchten*
resplandecer *funkeln*

deslucir *verderben abnutzen*
enlucir *verputzen*
relucir *leuchten, glänzen*
traslucir *durchschimmern, durchscheinen*

 Aufgepasst!

Wie bei anderen Verben der 2. und 3. Konjugation, deren Stamm auf -c endet, wird bei lucir und dessen Ableitungen das -c zu -zc vor -o bzw. -a. Dies ist der Fall bei der 1. Person des Presente de indicativo (**luzco**), dem Presente de subjuntivo (**luzca, luzcas** ...) und bei den Imperativformen, die vom Presente de subjuntivo abgeleitet werden: (usted) **luzca**, (nosotros) **luzcamos**, (ustedes) **luzcan**.
Im Unterschied zu anderen Verben auf -ucir ist bei lucir und seinen Ableitungen das Indefinido regelmäßig: **lució, deslució**.

 Anmerkungen:

(40) **mover** *bewegen*

-o ➝ -ue

Indicativo

Presente

muevo
mueves
mueve
movemos
movéis
mueven

Perfecto

he movido
has movido
ha movido
hemos movido
habéis movido
han movido

Imperfecto

movía
movías
movía
movíamos
movíais
movían

Pluscuamperfecto

había movido
habías movido
había movido
habíamos movido
habíais movido
habían movido

Indefinido

moví
moviste
movió
movimos
movisteis
movieron

Pretérito anterior

hube movido
hubiste movido
hubo movido
hubimos movido
hubisteis movido
hubieron movido

Futuro simple

moveré
moverás
moverá
moveremos
moveréis
moverán

Futuro compuesto

habré movido
habrás movido
habrá movido
habremos movido
habréis movido
habrán movido

Subjuntivo

Presente

mueva
muevas
mueva
movamos
mováis
muevan

Imperfecto

moviera/moviese
movieras/movieses
moviera/moviese
moviéramos/moviésemos
movierais/movieseis
movieran/moviesen

Perfecto

haya movido
hayas movido
haya movido
hayamos movido
hayáis movido
hayan movido

Pluscuamperfecto

hubiera movido
hubieras movido
hubiera movido
hubiéramos movido
hubierais movido
hubieran movido

Condicional

Simple

movería
moverías
movería
moveríamos
moveríais
moverían

Compuesto

habría movido
habrías movido
habría movido
habríamos movido
habríais movido
habrían movido

Imperativo

(tú) mueve
(usted) mueva
(nosotros) movamos
(vosotros) moved
(ustedes) muevan

Infinitivo compuesto

haber movido

Gerundio

Simple

moviendo

Compuesto

habiendo movido

Participio

movido

mover *bewegen*

▶ Anwendungsbeispiele

No **he movido** el coche en toda la semana. *Ich habe das Auto die ganze Woche nicht bewegt.*

¿Por qué **mueves** así el pie? *Warum bewegst du deinen Fuß so?*

Me gusta **moverme** y hacer deporte. *Ich bewege mich gerne und treibe gerne Sport.*

No te muevas, he oído algo raro. *Bleib stehen, ich habe etwas Seltsames gehört.*

Se me está moviendo un diente. *Mein Zahn wackelt.*

¡Venga, **muévete!** *Los, mach schon!*

 ### Redewendungen

mover la cabeza *den Kopf schütteln*
mover la cola *mit dem Schwanz wedeln*
mover las caderas *die Hüften wiegen*
mover a alg. a hacer a. c. *jdn. dazu bringen, etw. zu tun*
mover a compasión *Mitleid erregen*
no mover un dedo *keinen Finger rühren*

 ### Ähnliche Verben

conmover *rühren, erschüttern*
promover *erheben, anstrengen, befördern*
remover *umrühren, aufwühlen*

 ### Aufgepasst!

Der Vokalwechsel -o → -ue betrifft die stammbetonten Personen (1., 2., 3. Pers. Sing. und 3. Pers. Pl.) des Presente de indicativo (**mue**vo, **mue**ves ...) und des Presente de subjuntivo (**mue**va, **mue**vas ...) sowie folgende Imperativformen (tú) **mue**ve, (usted) **mue**va, (ustedes) **mue**van. Dieselbe Unregelmäßigkeit weisen auch einige andere Verben der 1. Konjugation auf. Diese Verben sind im Übrigen jedoch regelmäßig.

✎ Anmerkungen:

41 nacer *geboren werden, auf die Welt kommen*

-c ➡ -zc

Indicativo

Presente	Perfecto	
nazco	he	nacido
naces	has	nacido
nace	ha	nacido
nacemos	hemos	nacido
nacéis	habéis	nacido
nacen	han	nacido

Imperfecto	Pluscuamperfecto	
nacía	había	nacido
nacías	habías	nacido
nacía	había	nacido
nacíamos	habíamos	nacido
nacíais	habíais	nacido
nacían	habían	nacido

Indefinido	Pretérito anterior	
nací	hube	nacido
naciste	hubiste	nacido
nació	hubo	nacido
nacimos	hubimos	nacido
nacisteis	hubisteis	nacido
nacieron	hubieron	nacido

Futuro simple	Futuro compuesto	
naceré	habré	nacido
nacerás	habrás	nacido
nacerá	habrá	nacido
naceremos	habremos	nacido
naceréis	habréis	nacido
nacerán	habrán	nacido

Gerundio

Simple	Compuesto	
naciendo	habiendo	nacido

Subjuntivo

Presente
nazca
nazcas
nazca
nazcamos
nazcáis
nazcan

Imperfecto
naciera/naciese
nacieras/nacieses
naciera/naciese
naciéramos/naciésemos
nacierais/nacieseis
nacieran/naciesen

Perfecto	
haya	nacido
hayas	nacido
haya	nacido
hayamos	nacido
hayáis	nacido
hayan	nacido

Pluscuamperfecto	
hubiera	nacido
hubieras	nacido
hubiera	nacido
hubiéramos	nacido
hubierais	nacido
hubieran	nacido

Participio

nacido

Condicional

Simple
nacería
nacerías
nacería
naceríamos
naceríais
nacerían

Compuesto	
habría	nacido
habrías	nacido
habría	nacido
habríamos	nacido
habríais	nacido
habrían	nacido

Imperativo

(tú)	nace
(usted)	nazca
(nosotros)	nazcamos
(vosotros)	naced
(ustedes)	nazcan

Infinitivo compuesto

haber nacido

nacer *geboren werden, auf die Welt kommen*

 Anwendungsbeispiele

Isabel **nació** el 15 de mayo de 1997. *Isabel **wurde** am 15. Mai 1997 **geboren**.*
Deseamos que **nazca en** abr l. *Wir wünschen uns, dass **er im** April **geboren** wird.*
En España **nacen** cada vez menos niños. *In Spanien **werden** immer weniger Kinder **geboren**.*
Naciste para escribir. *Du bist zum Schreiben **geboren**.*
El río Guadalquivir **nace en** la Sierra de Cazorla. *Der Fluss Guadalquivir **entspringt** im Cazorlagebirge.*
Con este tratamiento **he vuelto a nacer**. *Nach dieser Behandlung **bin ich ein neuer Mensch**.*
Están naciendo tulipanes en el jardín. *Im Garten **sprießen gerade** die Tulpen.*

 Sprichwörter

La duda nace de la ignorancia. *Der Zweifel entsteht aus Unwissenheit.*
Dime no con quién naces, sino con quién paces. *Sag mir nicht, bei wem du geboren bist, sondern mit wem du zusammenlebst.*

 Andere Verben

desembocar *münden*
fallecer *sterben, verscheiden*
morir *sterben*
perecer *vergehen*
perder la vida *ums Leben kommen*

⚡ **Gebrauch**

Im Gegensatz zum deutschen *geboren werden* ist das Verb nacer im Spanischen aktiv: yo nazco, tú naces. Aufgrund seiner Bedeutung werden viele Personen, Zeiten und Modi kaum verwendet: Die 1. Person Singular des Presente de subjuntivo (yo nazca) gibt es z. B. nur in literarischen Texten. Die Imperativformen werden nie gebraucht.

⁝! **Tipps & Tricks**

Lernen Sie dieses Verb und andere, die auf -acer enden (renacer *wiedergeboren werden*, pacer *grasen das Gras abfressen*), zusammen mit den Verben auf -ecer und -ocer.

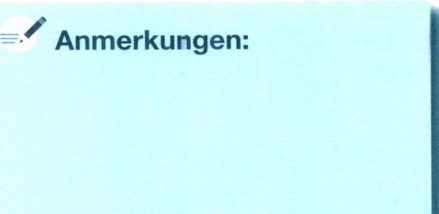 **Anmerkungen:**

42 negar *verneinen*

-e ➡ -ie, -g ➡ -gu

Indicativo

Presente / Perfecto
Presente	Perfecto	
niego	he	negado
niegas	has	negado
niega	ha	negado
negamos	hemos	negado
negáis	habéis	negado
niegan	han	negado

Imperfecto / Pluscuamperfecto
Imperfecto	Pluscuamperfecto	
negaba	había	negado
negabas	habías	negado
negaba	había	negado
negábamos	habíamos	negado
negabais	habíais	negado
negaban	habían	negado

Indefinido / Pretérito anterior
Indefinido	Pretérito anterior	
negué	hube	negado
negaste	hubiste	negado
negó	hubo	negado
negamos	hubimos	negado
negasteis	hubisteis	negado
negaron	hubieron	negado

Futuro simple / Futuro compuesto
Futuro simple	Futuro compuesto	
negará	habré	negado
negarás	habrás	negado
negará	habrá	negado
negaremos	habremos	negado
negaréis	habréis	negado
negarán	habrán	negado

Gerundio
Simple	Compuesto	
negando	habiendo	negado

Subjuntivo

Presente
Presente
niegue
niegues
niegue
neguemos
neguéis
nieguen

Imperfecto
Imperfecto
negara/negase
negaras/negases
negara/negase
negáramos/negásemos
negarais/negaseis
negaran/negasen

Perfecto
Perfecto	
haya	negado
hayas	negado
haya	negado
hayamos	negado
hayáis	negado
hayan	negado

Pluscuamperfecto
Pluscuamperfecto	
hubiera	negado
hubieras	negado
hubiera	negado
hubiéramos	negado
hubierais	negado
hubieran	negado

Participio
negado

Condicional

Simple
Simple
negaría
negarías
negaría
negaríamos
negaríais
negarían

Compuesto
Compuesto	
habría	negado
habrías	negado
habría	negado
habríamos	negado
habríais	negado
habrían	negado

Imperativo
(tú)	niega
(usted)	niegue
(nosotros)	neguemos
(vosotros)	negad
(ustedes)	nieguen

Infinitivo compuesto
haber negado

negar *verneinen*

▶ Anwendungsbeispiele

Niegan lo que hicieron. *Sie leugnen, was sie getan haben.*
No niego que no tengas razón. *Ich sage nicht, dass du nicht recht hast.*
No me lo **niegues**, por favor. *Streite das bitte nicht ab.*
Se negó a hablar conmigo. *Er weigerte sich, mit mir zu reden.*

Redewendungen

negar a. c. a alg. *jdm. etw. verweigern*
negarle la palabra a alg. *jdm. den Mund verbieten*
negarle el saludo a alg. *jdn. nicht begrüßen wollen*
negar el paso *den Zutritt verbieten*
negar con la cabeza *den Kopf schütteln*
negar un crédito *einen Kredit verweigern*
negar un documento *ein Dokument verweigern*
negarse a hacer a. c. *sich weigern, etw. zu tun*

Andere Verben

aceptar *akzeptieren, annehmen*
afirmar *bejahen, bestätigen*
asentir *zustimmen*
asentir con la cabeza *nicken*
consentir *einwilligen*
decir que sí *Ja sagen*

⚡ Aufgepasst!

Das Verb **negar** weist einen Vokalwechsel (-e → -ie) und eine orthografische Besonderheit (-g → -gu) auf. Das -e wird zu -ie in den stammbetonten Personen (1., 2., 3. Pers. Sing. und 3. Pers. Pl.) des Presente de indicativo und im Presente de subjuntivo sowie in manchen Imperativformen. Die orthografische Anpassung an die Aussprache des Infinitivs (-g → -gu) erfolgt vor der Endung -é bzw. -e.

‼ Tipps & Tricks

Folgende Verben werden wie **negar** konjugiert: **fregar** *wischen*, **regar** *gießen*. Bilden Sie Sätze mit diesen Verben in den Personen und Zeiten, die unregelmäßig sind, z. B.: **Riego las plantas.** *Ich gieße die Pflanzen.*

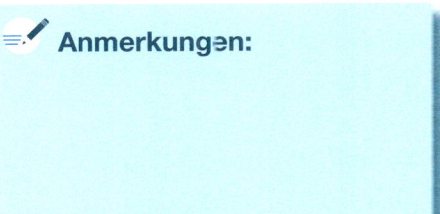
Anmerkungen:

43 ofrecer *anbieten*

-c → -zc

Indicativo

Presente
ofrezco	
ofreces	
ofrece	
ofrecemos	
ofrecéis	
ofrecen	

Perfecto
he	ofrecido
has	ofrecido
ha	ofrecido
hemos	ofrecido
habéis	ofrecido
han	ofrecido

Imperfecto
ofrecía	
ofrecías	
ofrecía	
ofrecíamos	
ofrecíais	
ofrecían	

Pluscuamperfecto
había	ofrecido
habías	ofrecido
había	ofrecido
habíamos	ofrecido
habíais	ofrecido
habían	ofrecido

Indefinido
ofrecí	
ofreciste	
ofreció	
ofrecimos	
ofrecisteis	
ofrecieron	

Pretérito anterior
hube	ofrecido
hubiste	ofrecido
hubo	ofrecido
hubimos	ofrecido
hubisteis	ofrecido
hubieron	ofrecido

Futuro simple
ofreceré	
ofrecerás	
ofrecerá	
ofreceremos	
ofreceréis	
ofrecerán	

Futuro compuesto
habré	ofrecido
habrás	ofrecido
habrá	ofrecido
habremos	ofrecido
habréis	ofrecido
habrán	ofrecido

Gerundio

Simple
ofreciendo

Compuesto
habiendo ofrecido

Subjuntivo

Presente
ofrezca
ofrezcas
ofrezca
ofrezcamos
ofrezcáis
ofrezcan

Imperfecto
ofreciera/ofreciese
ofrecieras/ofrecieses
ofreciera/ofreciese
ofreciéramos/ofreciésemos
ofrecierais/ofrecieseis
ofrecieran/ofreciesen

Perfecto
haya	ofrecido
hayas	ofrecido
haya	ofrecido
hayamos	ofrecido
hayáis	ofrecido
hayan	ofrecido

Pluscuamperfecto
hubiera	ofrecido
hubieras	ofrecido
hubiera	ofrecido
hubiéramos	ofrecido
hubierais	ofrecido
hubieran	ofrecido

Participio
ofrecido

Condicional

Simple
ofrecería
ofrecerías
ofrecería
ofreceríamos
ofreceríais
ofrecerían

Compuesto
habría	ofrecido
habrías	ofrecido
habría	ofrecido
habríamos	ofrecido
habríais	ofrecido
habrían	ofrecido

Imperativo
(tú)	ofrece
(usted)	ofrezca
(nosotros)	ofrezcamos
(vosotros)	ofreced
(ustedes)	ofrezcan

Infinitivo compuesto
haber ofrecido

Anwendungsbeispiele

Te **ofrezco** mi casa para cuando estés en Sevilla. *Ich biete dir meine Wohnung an für die Zeit, in der du in Sevilla bist.*

¿Qué puedo **ofreceros**? *Was kann ich euch (zum Essen oder Trinken) bringen?*

El plan **ofrece** nuevas perspectivas. *Der Plan eröffnet neue Perspektiven.*

Se ofreció para ayudarnos en la mudanza. *Er bot sich an, uns beim Umzug zu helfen.*

 Redewendungen

ofrecer ayuda *Hilfe anbieten*
ofrecer garantías *Garantien bieten*
ofrecer dificultades *Schwierigkeiten bereiten*
ofrecer dinero *Geld anbieten*
ofrecer un banquete *ein Essen geben*
ofrecerse para/a hacer a. c. *sich anbieten, etw. zu tun*
no ofrecer ninguna duda *alle Zweifel ausräumen*

 Ähnliche Verben

brindarse *sich anbieten*
dar *geben*
dejar *lassen, ausleihen*
invitar *einladen*
presentar *zeigen, vorstellen*
proporcionar *bringen, versorgen*

 Aufgepasst!

Der Wechsel -c → -zc betrifft alle Personen, die auf -o oder -a enden: die 1. Person des Presente de indicativo (**ofrezco**), alle Formen des Presente de subjuntivo (**ofrezca, ofrezcas** ...) und die Imperativformen, die vom Presente de subjuntivo abgeleitet werden: (usted) **ofrezca**, (nosotros) **ofrezcamos**, (ustedes) **ofrezcan**.

=/ **Anmerkungen:**

44 **oír** *hören*

Indicativo

Presente
oigo
oyes
oye
oímos
oís
oyen

Perfecto
he oído
has oído
ha oído
hemos oído
habéis oído
han oído

Imperfecto
oía
oías
oía
oíamos
oíais
oían

Pluscuamperfecto
había oído
habías oído
había oído
habíamos oído
habíais oído
habían oído

Indefinido
oí
oíste
oyó
oímos
oísteis
oyeron

Pretérito anterior
hube oído
hubiste oído
hubo oído
hubimos oído
hubisteis oído
hubieron oído

Futuro simple
oiré
oirás
oirá
oiremos
oiréis
oirán

Futuro compuesto
habré oído
habrás oído
habrá oído
habremos oído
habréis oído
habrán oído

Gerundio

Simple
oyendo

Compuesto
habiendo oído

Subjuntivo

Presente
oiga
oigas
oiga
oigamos
oigáis
oigan

Imperfecto
oyera/oyese
oyeras/oyeses
oyera/oyese
oyéramos/oyésemos
oyerais/oyeseis
oyeran/oyesen

Perfecto
haya oído
hayas oído
haya oído
hayamos oído
hayáis oído
hayan oído

Pluscuamperfecto
hubiera oído
hubieras oído
hubiera oído
hubiéramos oído
hubierais oído
hubieran oído

Participio
oído

Condicional

Simple
oiría
oirías
oiría
oiríamos
oiríais
oirían

Compuesto
habría oído
habrías oído
habría oído
habríamos oído
habríais oído
habrían oído

Imperativo
(tú) oye
(usted) oiga
(nosotros) oigamos
(vosotros) oíd
(ustedes) oigan

Infinitivo compuesto
haber oído

Anwendungsbeispiele

Berta no **oye** bien. *Berta hört nicht gut.*
Desde aquí **se oye** el río. *Von hier aus kann man den Fluss hören.*
¿Me **oyes**? *Hörst du mich?*
¿Pero es que no me **oyes**? *Hörst du schlecht?*
Oímos un ruido y salimos corriendo. *Wir hörten ein Geräusch und gingen schnell hinaus.*
He oído (decir) que vive en Lisboa. *Ich habe gehört, dass er in Lissabon wohnt.*

 Redewendungen

oír por/en la radio *im Radio hören*
oír las noticias *die Nachrichten hören*
oír campanas y no saber dónde *nicht wissen, wo hinten und vorne ist*
oír, ver y callar *nichts verraten wollen*
no oírse ni una mosca *eine Stecknadel fallen hören*

 Ähnliche Verben

escuchar *zuhören*
notar *wahrnehmen, bemerken*
percibir *wahrnehmen*

desoír *überhören*
entreoír *undeutlich hören*

 Aufgepasst!

Das Verb oír ist sehr unregelmäßig. Trotzdem kann man sich Folgendes merken:
Von der 1. Person Singular des Presente de indicativo (**oig**o) wird das Presente de subjuntivo abgeleitet (**oig**a, **oig**as ..) sowie die Imperativformen, die wiederum vom Presente de subjuntivo abgeleitet sind: (usted) **oig**a, (nosotros) **oig**amos, (ustedes) **oig**an. In einigen Personen ersetzt ein -y das -i: in der 2. und 3. Person Singular und der 3. Person Plural des Presente de indicativo (**oy**es, **oy**e, **oy**en), der 3. Person Singular und Plural des Indefinido (**oy**ó, **oy**eron), im Imperfecto de subjuntivo (**oy**era), im Imperativo (**oy**e) und im Gerundio (**oy**endo).

 Anmerkungen:

45 oler *riechen*

-o → -hue

Indicativo

Presente
	Perfecto	
huelo	he	olido
hueles	has	olido
huele	ha	olido
olemos	hemos	olido
oléis	habéis	olido
huelen	han	olido

Imperfecto
	Pluscuamperfecto	
olía	había	olido
olías	habías	olido
olía	había	olido
olíamos	habíamos	olido
olíais	habíais	olido
olían	habían	olido

Indefinido
	Pretérito anterior	
olí	hube	olido
oliste	hubiste	olido
olió	hubo	olido
olimos	hubimos	olido
olisteis	hubisteis	olido
olieron	hubieron	olido

Futuro simple
	Futuro compuesto	
oleré	habré	olido
olerás	habrás	olido
olerá	habrá	olido
oleremos	habremos	olido
oleréis	habréis	olido
olerán	habrán	olido

Gerundio

Simple
oliendo

Compuesto
habiendo olido

Subjuntivo

Presente
huela
huelas
huela
olamos
oláis
huelan

Imperfecto
oliera/oliese
olieras/olieses
oliera/oliese
oliéramos/oliésemos
olierais/olieseis
olieran/oliesen

Perfecto
haya	olido
hayas	olido
haya	olido
hayamos	olido
hayáis	olido
hayan	olido

Pluscuamperfecto
hubiera	olido
hubieras	olido
hubiera	olido
hubiéramos	olido
hubierais	olido
hubieran	olido

Participio
olido

Condicional

Simple
olería
olerías
olería
oleríamos
oleríais
olerían

Compuesto
habría	olido
habrías	olido
habría	olido
habríamos	olido
habríais	olido
habrían	olido

Imperativo
(tú)	huele
(usted)	huela
(nosotros)	olamos
(vosotros)	oled
(ustedes)	huelan

Infinitivo compuesto
haber olido

Anwendungsbeispiele

¡Qué bien **huele** la paella! *Die Paella riecht aber gut!*
Estoy constipada y no **huelo** nada. *Ich bin erkältet und rieche nichts.*
¿A qué **huele**? *Wonach riecht es?*
Aquí **huele** a lavanda. *Hier riecht es nach Lavendel.*

Redewendungen

oler bien/mal *gut/schlecht riechen*
oler el peligro *die Gefahr wittern*
oler que apesta *stinken*
oler a perfume *nach Parfüm riechen*
oler a chamusquina *suspekt sein*
oler a quemado *angebrannt riechen*
oler a huevos podridos *nach faulen Eiern riechen*
olerse a. c. *etw. ahnen, etw. riechen*

Ähnliche Verben

apestar *stinken*
despedir olor *Geruch verbreiten*
desprender olor *Geruch verbreiten*
husmear *wittern, schnüffeln*
olfatear *beschnuppern*
olisquear *beschnüffeln*
percibir olor *riechen*

Aufgepasst!

Vor Wörter, die im Spanischen mit -ue beginnen, wird immer ein -h gestellt – auch bei den Formen von oler mit dem Vokalwechsel -o → -ue: den stammbetonten Personen (1., 2., 3. Pers. Sing. und 3. Pers. Pl.) des Presente de indicativo (**huelo**, **huel**es ...) und subjuntivo (**huela**, **huel**as ...) sowie folgenden Formen des Imperativo: (tú) **huel**e, (usted) **huel**a, (ustedes) **huel**an.

Tipps & Tricks

Merken Sie sich diese orthografische Besonderheit des Verbs oler mit anderen spanischen Wörtern, die mit -hue anfangen. Listen Sie alle auf, die Sie bereits kennen: huele *es riecht*, huevo *Ei*, hueso *Knochen* ...

 **Anmerkungen:**

46 **pedir** *bitten, bestellen, verlangen*   -e ➜ -i

Indicativo ·········

Presente	**Perfecto**	
pido	he	pedido
pides	has	pedido
pide	ha	pedido
pedimos	hemos	pedido
pedís	habéis	pedido
piden	han	pedido

Imperfecto	**Pluscuamperfecto**	
pedía	había	pedido
pedías	habías	pedido
pedía	había	pedido
pedíamos	habíamos	pedido
pedíais	habíais	pedido
pedían	habían	pedido

Indefinido	**Pretérito anterior**	
pedí	hube	pedido
pediste	hubiste	pedido
pidió	hubo	pedido
pedimos	hubimos	pedido
pedisteis	hubisteis	pedido
pidieron	hubieron	pedido

Futuro simple	**Futuro compuesto**	
pediré	habré	pedido
pedirás	habrás	pedido
pedirá	habrá	pedido
pediremos	habremos	pedido
pediréis	habréis	pedido
pedirán	habrán	pedido

Gerundio ·········

Simple	**Compuesto**	
pidiendo	habiendo	pedido

Subjuntivo ·········

Presente
pida
pidas
pida
pidamos
pidáis
pidan

Imperfecto
pidiera/pidiese
pidieras/pidieses
pidiera/pidiese
pidiéramos/pidiésemos
pidierais/pidieseis
pidieran/pidiesen

Perfecto	
haya	pedido
hayas	pedido
haya	pedido
hayamos	pedido
hayáis	pedido
hayan	pedido

Pluscuamperfecto	
hubiera	pedido
hubieras	pedido
hubiera	pedido
hubiéramos	pedido
hubierais	pedido
hubieran	pedido

Participio ·········

pedido

Condicional ·········

Simple
pediría
pedirías
pediría
pediríamos
pediríais
pedirían

Compuesto	
habría	pedido
habrías	pedido
habría	pedido
habríamos	pedido
habríais	pedido
habrían	pedido

Imperativo ·········

(tú)	pide
(usted)	pida
(nosotros)	pidamos
(vosotros)	pedid
(ustedes)	pidan

Infinitivo compuesto ·········

haber pedido

pedir *bitten, bestellen, verlangen*

 Anwendungsbeispiele

Les **he pedido** dinero a mis padres. *Ich habe meine Eltern um Geld **gebeten**.*
La semana pasada **pedimos** ese libro en la librería. *Letzte Woche **haben wir** dieses Buch in der Buchhandlung **bestellt**.*
Yo no **he pedido** sopa de pescado. *Ich habe keine Fischsuppe **bestellt**.*
Piden demasiado por el piso. *Sie **verlangen** viel zu viel für die Wohnung.*
Te **pido** que no se lo cuentes a mi hermana. *Ich **bitte** dich darum, es meiner Schwester nicht zu erzählen.*

 Redewendungen

pedir hora *einen Termin vereinbaren*
pedir un favor *um einen Gefallen bitten*
pedir un imposible *etw. Unmögliches verlangen*
pedir peras al olmo *das Unmögliche verlangen*
pedir la mano de alg. *um jds. Hand anhalten*
pedir la cuenta *nach der Rechnung fragen*
pedir la opinión *nach der Meinung fragen*
pedir perdón *um Verzeihung bitten*
pedir la palabra *um das Wort bitten*

Ähnliche Verben

despedir(se) *(sich) verabschieden*
impedir *vermeiden*

Aufgepasst!

Der Vokalwechsel -e → -i betrifft die stammbetonten Personen (1., 2., 3. Pers. Sing. und 3. Pers. Pl.) des Presente de indicativo (**pido**, **pides** ...), das Presente de subjuntivo (**pida**, **pidas** ...), die 3. Person Singular und Plural des Indefinido (**pidió**, **pidieron**), das Imperfecto de subjuntivo (**pidiera** ...), das Gerundio (**pidiendo**) sowie folgende Imperativformen: (tú) **pide**, (usted) **pida**, (nosotros) **pidamos**, (ustedes) **pidan**.

Tipps & Tricks

Schreiben Sie die unregelmäßigen Zeiten eines Musterverbs auf ein Blatt Papier (**pedir**, Presente: **pido**, **pides** ...) und konjugieren Sie daneben andere Verben nach dem Muster (**medir** *messen*, **repetir** *wiederholen*).

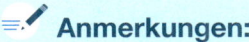 **Anmerkungen:**

127

47 **pensar** *denken*   -e ➡ -ie

Indicativo

Presente
pienso
piensas
piensa
pensamos
pensáis
piensan

Perfecto
he pensado
has pensado
ha pensado
hemos pensado
habéis pensado
han pensado

Imperfecto
pensaba
pensabas
pensaba
pensábamos
pensabais
pensaban

Pluscuamperfecto
había pensado
habías pensado
había pensado
habíamos pensado
habíais pensado
habían pensado

Indefinido
pensé
pensaste
pensó
pensamos
pensasteis
pensaron

Pretérito anterior
hube pensado
hubiste pensado
hubo pensado
hubimos pensado
hubisteis pensado
hubieron pensado

Futuro simple
pensaré
pensarás
pensará
pensaremos
pensaréis
pensarán

Futuro compuesto
habré pensado
habrás pensado
habrá pensado
habremos pensado
habréis pensado
habrán pensado

Gerundio

Simple
pensando

Compuesto
habiendo pensado

Subjuntivo

Presente
piense
pienses
piense
pensemos
penséis
piensen

Imperfecto
pensara/pensase
pensaras/pensases
pensara/pensase
pensáramos/pensásemos
pensarais/pensaseis
pensaran/pensasen

Perfecto
haya pensado
hayas pensado
haya pensado
hayamos pensado
hayáis pensado
hayan pensado

Pluscuamperfecto
hubiera pensado
hubieras pensado
hubiera pensado
hubiéramos pensado
hubierais pensado
hubieran pensado

Participio
pensado

Condicional

Simple
pensaría
pensarías
pensaría
pensaríamos
pensaríais
pensarían

Compuesto
habría pensado
habrías pensado
habría pensado
habríamos pensado
habríais pensado
habrían pensado

Imperativo
(tú) piensa
(usted) piense
(nosotros) pensemos
(vosotros) pensad
(ustedes) piensen

Infinitivo
compuesto
haber pensado

pensar *denken*

Pienso mucho **en** mi infancia. *Ich denke oft an meine Kindheit.*
Hemos pensado ya el regalo de María. *Wir haben uns schon Marias Geschenk überlegt.*
Lo **pensaré**. *Ich werde darüber nachdenken.*
Piensa bien lo que vas a hacer. *Überleg dir gut, was du tun wirst.*
Pensaban ir a verte, pero no tuvieron tiempo. *Sie hatten vor, dich zu besuchen, aber sie hatten keine Zeit.*

 Redewendungen

pensar hacer a. c. *vorhaben, etw. zu tun*
pensar bien/mal de a. c./alg. *eine gute/schlechte Meinung von etw./jdm. haben*
pensar en voz alta *laut denken*
sin pensar *ohne nachzudenken*
dar que pensar *zu denken geben*
no pensar en los demás *nicht an die anderen denken*
pensarse a. c. *sich etw. überlegen*
pensarse a. c. dos veces *sich etw. zweimal überlegen*

Ähnliche Verben

creer *denken*
figurarse *sich vorstellen, sich denken*
imaginar(se) *sich vorstellen, denken, sich einbilden*
reflexionar *nachdenken, sich überlegen*

Aufgepasst!

Das Verb pensar hat einen Vokalwechsel (-e → -ie), der die stammbetonten Personen (1., 2., 3. Pers. Sing. und 3. Pers. Pl.) des Presente de indicativo (**pie**nso, **pie**nsas ...) und subjuntivo (**pie**nse, **pie**nses ...) sowie folgende Imperativformen betrifft: (tú) **pie**nsa, (usted) **pie**nse, (ustedes) **pie**nsen.

Tipps & Tricks

Folgende Verben werden wie pensar konjugiert: cerrar *schließen*, despertar *aufwecken*, recomendar *empfehlen*. Lernen Sie diese Verben zusammen mit ähnlichen Verben der 2. Konjugation.

 **Anmerkungen:**

48 perder *verlieren*

-e → -ie

Indicativo

Presente	Perfecto	
pierdo	he	perdido
pierdes	has	perdido
pierde	ha	perdido
perdemos	hemos	perdido
perdéis	habéis	perdido
pierden	han	perdido

Imperfecto	Pluscuamperfecto	
perdía	había	perdido
perdías	habías	perdido
perdía	había	perdido
perdíamos	habíamos	perdido
perdíais	habíais	perdido
perdían	habían	perdido

Indefinido	Pretérito anterior	
perdí	hube	perdido
perdiste	hubiste	perdido
perdió	hubo	perdido
perdimos	hubimos	perdido
perdisteis	hubisteis	perdido
perdieron	hubieron	perdido

Futuro simple	Futuro compuesto	
perderé	habré	perdido
perderás	habrás	perdido
perderá	habrá	perdido
perderemos	habremos	perdido
perderéis	habréis	perdido
perderán	habrán	perdido

Gerundio

Simple	Compuesto	
perdiendo	habiendo	perdido

Subjuntivo

Presente
pierda
pierdas
pierda
perdamos
perdáis
pierdan

Imperfecto
perdiera/perdiese
perdieras/perdieses
perdiera/perdiese
perdiéramos/perdiésemos
perdierais/perdieseis
perdieran/perdiesen

Perfecto	
haya	perdido
hayas	perdido
haya	perdido
hayamos	perdido
hayáis	perdido
hayan	perdido

Pluscuamperfecto	
hubiera	perdido
hubieras	perdido
hubiera	perdido
hubiéramos	perdido
hubierais	perdido
hubieran	perdido

Participio

perdido

Condicional

Simple
perdería
perderías
perdería
perderíamos
perderíais
perderían

Compuesto	
habría	perdido
habrías	perdido
habría	perdido
habríamos	perdido
habríais	perdido
habrían	perdido

Imperativo

(tú)	pierde
(usted)	pierda
(nosotros)	perdamos
(vosotros)	perded
(ustedes)	pierdan

Infinitivo compuesto

haber perdido

Anwendungsbeispiele

He perdido el monedero. *Ich habe meinen Geldbeutel **verloren**.*
Si **pierdes** el autobús, coge un taxi. *Wenn **du** den Bus **verpasst**, nimm ein Taxi.*
No quiero **perder**te. *Ich will dich nicht **verlieren**.*
Mi equipo **pierde** siempre. *Meine Mannschaft **verliert** immer.*

Redewendungen

perder tiempo *Zeit verlieren*
perder terreno *zurückfallen*
perder el control *die Kontrolle verlieren*
perder la razón *den Verstand verlieren*
perder la costumbre de a.c. *sich etw. abgewöhnen*
perder el curso *das Schuljahr wiederholen müssen*
perder la vida *ums Leben kommen*
no tener nada que perder *nichts zu verlieren haben*
tener todas las de perder *keine guten Karten haben*
perderse en un sitio *sich verlaufen, verfahren*
perderse a.c. *etw. versäumen*

Andere Verben

dar con a.c. *auf etw. kommen*
descubrir *entdecken*
encontrar *finden*
ganar *gewinnen*
recuperar *wiedererlangen, zurückgewinnen*

⚡ Aufgepasst!

Bei den stammbetonten Personen (1., 2., 3. Pers. Sing. und 3. Pers. Pl.) des Presente de indicativo (**pierdo** ...) und subjuntivo (**pierda** ...) sowie bei den folgenden Imperativformen kommt der Vokalwechsel -e → -ie vor: (tú) **pierce**, (usted) **pierda**, (ustedes) **pierda**n.

‼ Tipps & Tricks

Lernen Sie auch gleichzeitig andere Verben mit, die perder als Muster haben, z.B. entender *verstehen*.

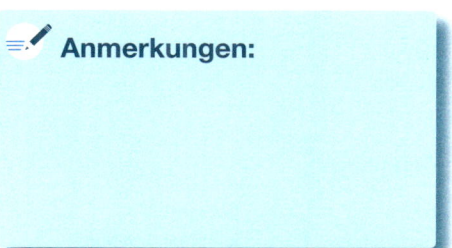

Anmerkungen:

(49) poder *können*

Indicativo

Presente	Perfecto	
puedo	he	podido
puedes	has	podido
puede	ha	podido
podemos	hemos	podido
podéis	habéis	podido
pueden	han	podido

Imperfecto	Pluscuamperfecto	
podía	había	podido
podías	habías	podido
podía	había	podido
podíamos	habíamos	podido
podíais	habíais	podido
podían	habían	podido

Indefinido	Pretérito anterior	
pude	hube	podido
pudiste	hubiste	podido
pudo	hubo	podido
pudimos	hubimos	podido
pudisteis	hubisteis	podido
pudieron	hubieron	podido

Futuro simple	Futuro compuesto	
podré	habré	podido
podrás	habrás	podido
podrá	habrá	podido
podremos	habremos	podido
podréis	habréis	podido
podrán	habrán	podido

Gerundio

Simple	Compuesto	
pudiendo	habiendo	podido

Subjuntivo

Presente
pueda
puedas
pueda
podamos
podáis
puedan

Imperfecto
pudiera/pudiese
pudieras/pudieses
pudiera/pudiese
pudiéramos/pudiésemos
pudierais/pudieseis
pudieran/pudiesen

Perfecto	
haya	podido
hayas	podido
haya	podido
hayamos	podido
hayáis	podido
hayan	podido

Pluscuamperfecto	
hubiera	podido
hubieras	podido
hubiera	podido
hubiéramos	podido
hubierais	podido
hubieran	podido

Participio

podido

Condicional

Simple
podría
podrías
podría
podríamos
podríais
podrían

Compuesto	
habría	podido
habrías	podido
habría	podico
habríamos	podido
habríais	podido
habrían	podido

Imperativo

(tú)	puede
(usted)	pueda
(nosotros)	podamos
(vosotros)	poded
(ustedes)	puedan

Infinitivo compuesto

haber podido

Anwendungsbeispiele

Si quieres, **puedo** escribir la carta. _Wenn du willst, **kann ich** den Brief schreiben._
No **podemos** ir a tu fiesta. _Wir **können** nicht zu deinem Fest kommen._
Preguntad, a lo mejor **podéis** pasar. _Fragt mal, vielleicht **dürft ihr** hineingehen._
No **puede** con su alma. _Er ist hundemüde._
Tere no nos **puede** ver. _Tere **kann** uns nicht leiden._
Yo te **puedo**. _Ich **bin stärker** als du._

 Sprichwörter

Querer es poder. _Wer will, der kann._
El amor todo lo puede. _Mit Liebe kann man alles erreichen._
No se puede servir a dos señores. _Man kann nicht zwei Herren dienen._
No se puede tener todo en esta vida. _Man kann nicht alles im Leben haben._

 Ähnliche Verben

estar en condiciones de hacer a. c. _in der Lage sein, etw. zu tun_
ser capaz _fähig sein_
ser posible _möglich sein_
tener permiso _die Genehmigung haben, dürfen_

 Gebrauch

Poder entspricht im Deutschen dem Verb _können_ im Sinne von _fähig sein_, _die Möglichkeit haben_ und _dürfen_:
Si **puedes**, lee ese libro. _Wenn du kannst, lies dieses Buch._
No **se puede** aparcar aquí. _Hier **darf man** nicht parken._
Aber das Verb _können_ wird wiederum nicht immer mit poder übersetzt. Wenn _können_ eine erlernte Fähigkeit bezeichnet, entspricht es dem spanischen Verb saber _wissen_. Das ist zum Beispiel der Fall, wenn man über Sprachkenntnisse oder andere Fähigkeiten spricht:
¿**Sabes** inglés? _Kannst du Englisch?_
Yo **sé** cocinar muy bien. _Ich **kann** sehr gut kochen._

✎ **Anmerkungen:**

50 **poner** *setzen, stellen, legen*

Indicativo

Presente	Perfecto	
pongo	he	puesto
pones	has	puesto
pone	ha	puesto
ponemos	hemos	puesto
ponéis	habéis	puesto
ponen	han	puesto

Imperfecto	Pluscuamperfecto	
ponía	había	puesto
ponías	habías	puesto
ponía	había	puesto
poníamos	habíamos	puesto
poníais	habíais	puesto
ponían	habían	puesto

Indefinido	Pretérito anterior	
puse	hube	puesto
pusiste	hubiste	puesto
puso	hubo	puesto
pusimos	hubimos	puesto
pusisteis	hubisteis	puesto
pusieron	hubieron	puesto

Futuro simple	Futuro compuesto	
pondré	habré	puesto
pondrás	habrás	puesto
pondrá	habrá	puesto
pondremos	habremos	puesto
pondréis	habréis	puesto
pondrán	habrán	puesto

Gerundio

Simple	Compuesto	
poniendo	habiendo	puesto

Subjuntivo

Presente
ponga
pongas
ponga
pongamos
pongáis
pongan

Imperfecto
pusiera/pusiese
pusieras/pusieses
pusiera/pusiese
pusiéramos/pusiésemos
pusierais/pusieseis
pusieran/pusiesen

Perfecto	
haya	puesto
hayas	puesto
haya	puesto
hayamos	puesto
hayáis	puesto
hayan	puesto

Pluscuamperfecto	
hubiera	puesto
hubieras	puesto
hubiera	puesto
hubiéramos	puesto
hubierais	puesto
hubieran	puesto

Participio

puesto

Condicional

Simple
pondría
pondrías
pondría
pondríamos
pondríais
pondrían

Compuesto	
habría	puesto
habrías	puesto
habría	puesto
habríamos	puesto
habríais	puesto
habrían	puesto

Imperativo

(tú)	pon
(usted)	ponga
(nosotros)	pongamos
(vosotros)	poned
(ustedes)	pongan

Infinitivo compuesto

haber puesto

poner *setzen, stellen, legen*

▶ Anwendungsbeispiele

Siempre **pongo** los bolígrafos ahí. *Ich lege die Kugelschreiber immer dorthin.*
Hoy **ponen en** la televisión una película argentina. *Heute wird im Fernsehen ein argentinischer Film gezeigt.*
Voy a ponerme el vestido negro. *Ich werde das schwarze Kleid anziehen.*
Nos **pusimos** muy contentos con la noticia. *Die Nachricht machte uns sehr glücklich.*
De repente **se puso a** llover. *Plötzlich fing es an zu regnen.*

 Redewendungen

poner la mesa *den Tisch decken*
poner a. c. en las manos de alg. *etw in jds. Hände legen*
poner a. c. a disposición de alg. *jdm. etw. zur Verfügung stellen*
poner en marcha *in Gang bringen*
poner al día *auf den neuesten Stand bringen*
ponerse a. c. *sich etw. anziehen*
ponerse cómodo *es sich bequem machen*
ponerse enfermo/bien *krank/gesund werden*
ponerse contento/triste *glücklich/traurig werden*

Ähnliche Verben

colocar *aufstellen*
volverse *werden*

Gebrauch

Poner bedeutet *hinlegen, hinstellen, hinsetzen, aufhängen*. In Verbindung mit einem Adjektiv entspricht die reflexive Form ponerse dem deutschen Verb *werden*: ponerse nervioso *nervös werden*. Gefolgt von einem zweiten Verb im Infinitiv bildet es eine verbale Wendung, die den plötzlichen Beginn einer Handlung bzw. eines Vorgangs ausdrückt: ponerse a trabajar *schnell mit der Arbeit anfangen, sich an die Arbeit machen*.

Anmerkungen:

51 producir *herstellen, produzieren, erzeugen*

-c → -zc, -c → -j

Indicativo

Presente
produzco	
produces	
produce	
producimos	
producís	
producen	

Perfecto
he	producido
has	producido
ha	producido
hemos	producido
habéis	producido
han	producido

Imperfecto
producía
producías
producía
producíamos
producíais
producían

Pluscuamperfecto
había	producido
habías	producido
había	producido
habíamos	producido
habíais	producido
habían	producido

Indefinido
produje
produjiste
produjo
produjimos
produjisteis
produjeron

Pretérito anterior
hube	producido
hubiste	producido
hubo	producido
hubimos	producido
hubisteis	producido
hubieron	producido

Futuro simple
produciré
producirás
producirá
produciremos
produciréis
producirán

Futuro compuesto
habré	producido
habrás	producido
habrá	producido
habremos	producido
habréis	producido
habrán	producido

Gerundio

Simple
produciendo

Compuesto
habiendo producido

Subjuntivo

Presente
produzca
produzcas
produzca
produzcamos
produzcáis
produzcan

Imperfecto
produjera/produjese
produjeras/produjeses
produjera/produjese
produjéramos/produjésemos
produjerais/produjeseis
produjeran/produjesen

Perfecto
haya	producido
hayas	producido
haya	producido
hayamos	producido
hayáis	producido
hayan	producido

Pluscuamperfecto
hubiera	producido
hubieras	producido
hubiera	producido
hubiéramos	producido
hubierais	producido
hubieran	producido

Participio
producido

Condicional

Simple
produciría
producirías
produciría
produciríamos
produciríais
producirían

Compuesto
habría	producido
habrías	producido
habría	producido
habríamos	producido
habrías	producido
habrían	producido

Imperativo
(tú)	produce
(usted)	produzca
(nosotros)	produzcamos
(vosotros)	producid
(ustedes)	produzcan

Infinitivo compuesto
haber producido

Anwendungsbeispiele

La empresa **ha producido** este año un 5% más de coches. *Die Firma hat dieses Jahr 5 % mehr Autos hergestellt.*
En España **se produce** energía eólica. *In Spanien wird Windenergie erzeugt.*
No creo que ese modelo **se produzca** todavía. *Ich glaube nicht, dass dieses Modell noch produziert wird.*
Se produjo una crisis familiar. *Es kam zu einer Familienkrise.*

 Redewendungen

producir tristeza *traurig machen*
producir en serie *in Serie produzieren*
producir a medida *nach Maß fertigen*
producir buena/mala impresión *einen guten/schlechten Eindruck machen*
producirse una mejora *zu einer Verbesserung führen*
producirse un empeoramiento *sich verschlechtern*

 Ähnliche Verben

fabricar *herstellen*
hacer *machen*
efectuar *ausführen*
crear *erschaffen*
realizar *verwirklichen, durchführen*

 Aufgepasst!

Der Wechsel -c → -zc betrifft alle Personen, die auf -o oder -a enden:
die 1. Person des Presente de indicativo (produ**zc**o), das Presente de subjuntivo (produ**zc**a, produ**zc**as ...) und die Imperativformen, die vom Presente de subjuntivo abgeleitet sind: (usted) produ**zc**a, (nosotros) produ**zc**amos, (ustedes) produ**zc**an.
Im Unterschied zu anderen Verben mit dem Wechsel -c → -zc (z. B. conocer) sird das Indefinido sowie das Imperfecto de subjuntivo der Verben auf -ucir ebenfalls unregelmäßig (produ**j**o ...).

 Anmerkungen:

137

52 prohibir *verbieten*

-i → -í

Indicativo

Presente
prohíbo
prohíbes
prohíbe
prohibimos
prohibís
prohíben

Perfecto
he prohibido
has prohibido
ha prohibido
hemos prohibido
habéis prohibido
han prohibido

Imperfecto
prohibía
prohibías
prohibía
prohibíamos
prohibíais
prohibían

Pluscuamperfecto
había prohibido
habías prohibido
había prohibido
habíamos prohibido
habíais prohibido
habían prohibido

Indefinido
prohibí
prohibiste
prohibió
prohibimos
prohibisteis
prohibieron

Pretérito anterior
hube prohibido
hubiste prohibido
hubo prohibido
hubimos prohibido
hubisteis prohibido
hubieron prohibido

Futuro simple
prohibiré
prohibirás
prohibirá
prohibiremos
prohibiréis
prohibirán

Futuro compuesto
habré prohibido
habrás prohibido
habrá prohibido
habremos prohibido
habréis prohibido
habrán prohibido

Gerundio

Simple
prohibiendo

Compuesto
habiendo prohibido

Subjuntivo

Presente
prohíba
prohíbas
prohíba
prohibamos
prohibáis
prohíban

Imperfecto
prohibiera/prohibiese
prohibieras/prohibieses
prohibiera/prohibiese
prohibiéramos/prohibiésemos
prohibierais/prohibieseis
prohibieran/prohibiesen

Perfecto
haya prohibido
hayas prohibido
haya prohibido
hayamos prohibido
hayáis prohibido
hayan prohibido

Pluscuamperfecto
hubiera prohibido
hubieras prohibido
hubiera prohibido
hubiéramos prohibido
hubierais prohibido
hubieran prohibido

Participio
prohibido

Condicional

Simple
prohibiría
prohibirías
prohibiría
prohibiríamos
prohibiríais
prohibirían

Compuesto
habría prohibido
habrías prohibido
habría prohibido
habríamos prohibido
habríais prohibido
habrían prohibido

Imperativo

(tú) prohíbe
(usted) prohíba
(nosotros) prohibamos
(vosotros) prohibid
(ustedes) prohíban

Infinitivo compuesto
haber prohibido

Anwendungsbeispiele

Nos **prohibieron** la entrada en **ese** local. *Sie haben uns den Zutritt zu diesem Lokal verboten.*
Aquí **se prohíbe** fumar. *Hier herrscht Rauchverbot.*
Te **prohíbo** que digas eso. *Ich verbiete dir, das zu sagen.*

 Redewendungen

prohibir el alcohol *den Alkohol verbieten*
prohibir el paso *den Durchgang verbieten*
prohibir aparcar *das Parken verbieten*
prohibir fumar *das Rauchen verbieten*
prohibir hablar *das Sprechen verbieten*

 Andere Verben

abrir la mano *erlauben*
aceptar *annehmen, akzeptieren*
aprobar *bewilligen*
autorizar *offiziell gestatten, bevollmächtigen*
consentir *einwilligen, gestatten*
dejar *(zu)lassen*
permitir *erlauben, gestatten*
tolerar *dulden*

 Aufgepasst!

Das Verb prohibir hat lediglich eine orthografische Unregelmäßigkeit: Manche Personen tragen einen Akzent auf dem -í des Stammes. Betroffen sind die stammbetonten Personen (1., 2., 3. Pers. Sing. und 3. Pers. Pl.) des Presente de indicativo (prohíbo, prohíbes ...) und subjuntivo (prohíba, prohíbas ...) sowie folgende Imperativformen: (tú) prohíbe, (usted) prohíba und (ustedes) prohíban. Der Akzent zeigt, dass bei -ohí das -í getrennt vom -o auszusprechen ist. Abgesehen von dieser Besonderheit ist prohibir regelmäßig.

Anmerkungen:

139

(53) querer *wollen, lieben*

Indicativo

Presente	Perfecto	
quiero	he	querido
quieres	has	querido
quiere	ha	querido
queremos	hemos	querido
queréis	habéis	querido
quieren	han	querido

Imperfecto	Pluscuamperfecto	
quería	había	querido
querías	habías	querido
quería	había	querido
queríamos	habíamos	querido
queríais	habíais	querido
querían	habían	querido

Indefinido	Pretérito anterior	
quise	hube	querido
quisiste	hubiste	querido
quiso	hubo	querido
quisimos	hubimos	querido
quisisteis	hubisteis	querido
quisieron	hubieron	querido

Futuro simple	Futuro compuesto	
querré	habré	querido
querrás	habrás	querido
querrá	habrá	querido
querremos	habremos	querido
querréis	habréis	querido
querrán	habrán	querido

Gerundio

Simple	Compuesto	
queriendo	habiendo	querido

Subjuntivo

Presente
- quiera
- quieras
- quiera
- queramos
- queráis
- quieran

Imperfecto
- quisiera/quisiese
- quisieras/quisieses
- quisiera/quisiese
- quisiéramos/quisiésemos
- quisierais/quisieseis
- quisieran/quisiesen

Perfecto	
haya	querido
hayas	querido
haya	querido
hayamos	querido
hayáis	querido
hayan	querido

Pluscuamperfecto	
hubiera	querido
hubieras	querido
hubiera	querido
hubiéramos	querido
hubierais	querido
hubieran	querido

Participio

querido

Condicional

Simple
- querría
- querrías
- querría
- querríamos
- querríais
- querrían

Compuesto	
habría	querido
habrías	querido
habría	querido
habríamos	querido
habríais	querido
habrían	querido

Imperativo

(tú)	quiere
(usted)	quiera
(nosotros)	queramos
(vosotros)	quered
(ustedes)	quieran

Infinitivo compuesto

haber querido

querer *wollen, lieben*

 Anwendungsbeispiele

Quiero ese bolso de ahí. *Ich will diese Tasche da haben.*
Te **quiero**. *Ich liebe dich.*
Si **quieres**, te ayudo. *Wenn du willst, helfe ich dir.*
Queremos que invites a Santi. *Wir möchten, dass du Santi einlädst.*
Quieren ir a México. *Sie wollen nach Mexiko fliegen.*
No **quería** hacerlo. *Ich wollte es nicht tun.*

 Redewendungen

querer a alg. *jdn. lieben*
querer con locura a alg. *ganz verrückt nach jdm. sein*
querer decir *bedeuten, meinen*
querer dinero por a. c. *für etw. Geld verlangen*
hacer a. c. sin querer *etw. ohne Absicht machen*
hacer a. c. queriendo *etw. absichtlich machen*
dejar de querer *nicht mehr lieben*

 Andere Verben

aborrecer *verabscheuen*
desistir *aufgeben, Abstand nehmen*
detestar *verabscheuen*
odiar *hassen*
renunciar *verzichten*

⚡ **Gebrauch**

Mit der Bedeutung *jdn. lieben* wird querer vor allem in Spanien häufiger als amar *lieben* verwendet.
Um einen Wunsch auszudrücken oder um nach etwas zu fragen, z. B. in einem Geschäft, werden die Formen des Imperfecto de indicativo, des Condicional und des Imperfecto de subjuntivo bevorzugt, da sie höflicher sind als die des Presente:
quería *ich wollte*, querría *ich hätte gerne*, quisiera *ich hätte gerne*.

‼ Tipps & Tricks

In Briefen können Sie die Begrüßung querido verwenden. Je nach Situation ist sie jedoch zu persönlich. Für geschäftliche Beziehungen sollte man estimado verwenden, in privater Korrespondenz genügt ein einfaches hola.

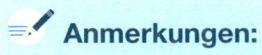 **Anmerkungen:**

54 reír *lachen*

Indicativo

Presente	Perfecto	
río	he	reído
ríes	has	reído
ríe	ha	reído
reímos	hemos	reído
reís	habéis	reído
ríen	han	reído

Imperfecto	Pluscuamperfecto	
reía	había	reído
reías	habías	reído
reía	había	reído
reíamos	habíamos	reído
reíais	habíais	reído
reían	habían	reído

Indefinido	Pretérito anterior	
reí	hube	reído
reíste	hubiste	reído
rio	hubo	reído
reímos	hubimos	reído
reísteis	hubisteis	reído
rieron	hubieron	reído

Futuro simple	Futuro compuesto	
reiré	habré	reído
reirás	habrás	reído
reirá	habrá	reído
reiremos	habremos	reído
reiréis	habréis	reído
reirán	habrán	reído

Gerundio

Simple	Compuesto	
riendo	habiendo	reído

Subjuntivo

Presente
ría
rías
ría
riamos
riais
rían

Imperfecto
riera/riese
rieras/rieses
riera/riese
riéramos/riésemos
rierais/rieseis
rieran/riesen

Perfecto	
haya	reído
hayas	reído
haya	reído
hayamos	reído
hayáis	reído
hayan	reído

Pluscuamperfecto	
hubiera	reído
hubieras	reído
hubiera	reído
hubiéramos	reído
hubierais	reído
hubieran	reído

Participio
reído

Condicional

Simple
reiría
reirías
reiría
reiríamos
reiríais
reirían

Compuesto	
habría	reído
habrías	reído
habría	reído
habríamos	reído
habríais	reído
habrían	reído

Imperativo

(tú)	ríe
(usted)	ría
(nosotros)	riamos
(vosotros)	reíd
(ustedes)	rían

Infinitivo compuesto
haber reído

Anwendungsbeispiele

Reír es bueno para la salud. *Lachen ist gut für die Gesundheit.*
Nos reímos mucho con Teresa. *Wir lachen viel mit Teresa.*
No **te rías de** mí. *Lach mich bitte nicht aus.*
Me reí a carcajadas con la película. *Ich lachte aus vollem Hals über den Film.*
Fernando siempre le **ríe** las gracias a Raúl. *Fernando schmeichelt sich immer bei Raúl ein.*

 Redewendungen

echarse a reír *auflachen*
reírse de alg. *jdn. auslachen*
reírse a carcajadas *aus vollem Hals lachen*
reírse hasta de la sombra de uno *über jede Kleinigkeit lachen*
reírle las gracias a alg. *sich bei jdm. einschmeicheln*

 Ähnliche Verben

burlarse *verspotten*   sonreír *lächeln*
ironizar *ironisieren, lächerlich machen*
morirse de risa *sich totlachen*
partirse de risa *sich totlachen*

 Aufgepasst!

Der Vokalwechsel -e → -i betrifft die stammbetonten Personen (1., 2., 3. Pers. Sing. und 3. Pers. Pl.) des Presente de indicativo (**río, ríes** ...), das Presente de subjuntivo (**ría, rías** ...), die 3. Person Singular und Plural des Indefinido (**rio, rieron**), das Imperfecto de subjuntivo (**riera, rieras** ...), das Gerundio (**riendo**) sowie folgende Imperativformen: (tú) **ríe,** (usted) **ría,** (nosotros) **riamos,** (ustedes) **rían.**
Im Unterschied zu den anderen Verben dieser Gruppe trägt **reír** auf betontem -i einen Akzent. Er zeigt an, dass das -i getrennt von dem folgenden Vokal auszusprechen ist: **río, ríes** ... Durch die Betonung und den Akzent werden die Zeiten unterschieden: **río** *ich lache –* **rio** *er lachte.*

! **Tipps & Tricks**

Überlegen Sie sich, in welchen Situationen Sie am häufigsten ein Verb verwenden, und merken Sie sich die Formen innerhalb eines Beispielsatzes:
¿Por qué **te ríes?** *Warum lachst du?*
¡No **te rías** así! *Lach nicht so!*

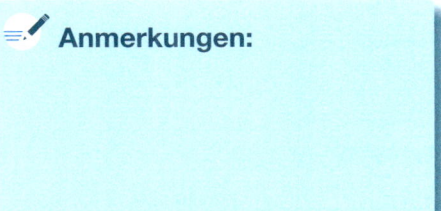

Anmerkungen:

55 reunir *(ver)sammeln, vereinigen*

-u ➞ -ú

Indicativo

Presente	Perfecto	
reúno	he	reunido
reúnes	has	reunido
reúne	ha	reunido
reunimos	hemos	reunido
reunís	habéis	reunido
reúnen	han	reunido

Imperfecto	Pluscuamperfecto	
reunía	había	reunido
reunías	habías	reunido
reunía	había	reunido
reuníamos	habíamos	reunido
reuníais	habíais	reunido
reunían	habían	reunido

Indefinido	Pretérito anterior	
reuní	hube	reunido
reuniste	hubiste	reunido
reunió	hubo	reunido
reunimos	hubimos	reunido
reunisteis	hubisteis	reunido
reunieron	hubieron	reunido

Futuro simple	Futuro compuesto	
reuniré	habré	reunido
reunirás	habrás	reunido
reunirá	habrá	reunido
reuniremos	habremos	reunido
reuniréis	habréis	reunido
reunirán	habrán	reunido

Gerundio

Simple	Compuesto	
reuniendo	habiendo	reunido

Subjuntivo

Presente
reúna
reúnas
reúna
reunamos
reunáis
reúnan

Imperfecto
reuniera/reuniese
reunieras/reunieses
reuniera/reuniese
reuniéramos/reuniésemos
reunierais/reunieseis
reunieran/reuniesen

Perfecto	
haya	reunido
hayas	reunido
haya	reunido
hayamos	reunido
hayáis	reunido
hayan	reunido

Pluscuamperfecto	
hubiera	reunido
hubieras	reunido
hubiera	reunido
hubiéramos	reunido
hubierais	reunido
hubieran	reunido

Participio

reunido

Condicional

Simple
reuniría
reunirías
reuniría
reuniríamos
reuniríais
reunirían

Compuesto	
habría	reunido
habrías	reunido
habría	reunico
habríamos	reunido
habríais	reunido
habrían	reunido

Imperativo

(tú)	reúne
(usted)	reúna
(nosotros)	reunamos
(vosotros)	reunid
(ustedes)	reúnan

Infinitivo compuesto

haber reunido

reunir *(ver)sammeln, vereinigen*

 Anwendungsbeispiele

Hemos reunido algo de dinero para ti. *Wir haben etwas Geld für dich gesammelt.*
Está reuniendo dinero para el piso. *Sie spart gerade Geld für die Wohnung.*
Podemos **reunirnos en** mi despacho. *Wir können uns in meinem Zimmer treffen.*

 Redewendungen

reunir a la familia *die Familie versammeln*
reunir dinero *Geld sammeln, sparen*
reunir experiencias *Erfahrungen sammeln*
reunir firmas *Unterschriften sammeln*
reunirse con alg. *sich mit jdm. treffen*

 Ähnliche Verben

coleccionar *(aus Liebhaberei) sammeln*
enganchar *koppeln*
fusionar *fusionieren*
juntar *miteinander verbinden*
recaudar *(Geld) sammeln*
recoger *zusammentragen*
recolectar *(Beeren) sammeln*
reunificar *wiedervereinigen*
unir *verbinden*

 Aufgepasst!

Einen Akzent tragen die Personen des Singulars und die 3. Person Plural des Presente de indicativo (**reúno** ...) und des Presente de subjuntivo (**reúna** ...) sowie die Imperativformen **(tú) reúne**, **(usted) reúna** und **(ustedes) reúnan**. Der Akzent zeigt, dass das **-u** betont ist und getrennt vom **-e** auszusprechen ist. Abgesehen von dem Akzent ist **reunir** regelmäßig.

✏️ **Anmerkungen:**

rogar *(höflich) bitten*   -o ➡ -ue, -g ➡ -gu

Indicativo

Presente	**Perfecto**	
ruego	he	rogado
ruegas	has	rogado
ruega	ha	rogado
rogamos	hemos	rogado
rogáis	habéis	rogado
ruegan	han	rogado

Imperfecto	**Pluscuamperfecto**	
rogaba	había	rogado
rogabas	habías	rogado
rogaba	había	rogado
rogábamos	habíamos	rogado
rogabais	habíais	rogado
rogaban	habían	rogado

Indefinido	**Pretérito anterior**	
rogué	hube	rogado
rogaste	hubiste	rogado
rogó	hubo	rogado
rogamos	hubimos	rogado
rogasteis	hubisteis	rogado
rogaron	hubieron	rogado

Futuro simple	**Futuro compuesto**	
rogaré	habré	rogado
rogarás	habrás	rogado
rogará	habrá	rogado
rogaremos	habremos	rogado
rogaréis	habréis	rogado
rogarán	habrán	rogado

Gerundio

Simple	**Compuesto**	
rogando	habiendo	rogado

Subjuntivo

Presente	
ruegue	
ruegues	
ruegue	
roguemos	
roguéis	
rueguen	

Imperfecto	
rogara/rogase	
rogaras/rogases	
rogara/rogase	
rogáramos/rogásemos	
rogarais/rogaseis	
rogaran/rogasen	

Perfecto	
haya	rogado
hayas	rogado
haya	rogado
hayamos	rogado
hayáis	rogado
hayan	rogado

Pluscuamperfecto	
hubiera	rogado
hubieras	rogado
hubiera	rogado
hubiéramos	rogado
hubierais	rogado
hubieran	rogado

Participio

rogado

Condicional

Simple
rogaría
rogarías
rogaría
rogaríamos
rogaríais
rogarían

Compuesto	
habría	rogado
habrías	rogado
habría	rogado
habríamos	rogado
habríais	rogado
habrían	rogado

Imperativo

(tú)	ruega
(usted)	ruegue
(nosotros)	roguemos
(vosotros)	rogad
(ustedes)	rueguen

Infinitivo compuesto

haber rogado

Anwendungsbeispiele

Les **ruego** que me reserven una habitación en su hotel. *Ich bitte Sie höflich mir ein Zimmer in Ihrem Hotel zu reservieren.*
Haz eso, te lo **ruego**. *Erledige das, ich bitte dich darum.*
Rogad por él. *Betet für ihn.*

Redewendungen

rogar contestación inmediata *um sofortige Beantwortung bitten*
rogar la atención de alg. *jdn. um seine Aufmerksamkeit bitten*
rogar por alg. *für jdn. beten*
hacerse de rogar *sich gerne bitten lassen*

Ähnliche Verben

desear *wünschen, verlangen*
exigir *fordern*
pedir encarecidamente *inständig bitten*
reclamar *reklamieren, verlangen*
solicitar *ersuchen, beantragen*
suplicar *inständig bitten, anflehen*

Aufgepasst!

Bei dem Verb rogar treten zwei Unregelmäßigkeiten gemeinsam auf:
Der Stammvokalwechsel -o → -ue, den einige Verben der 1. Konjugation aufweisen, betrifft die stammbetonten Personen (1., 2., 3. Pers. Sing. und 3. Pers. Pl.) des Presente de indicativo (**rue**go, **rue**gas ...) und das Presente de subjuntivo (**rue**gue, **rue**gues ...) sowie einige Imperativformen.
Hinzu kommt die orthografische Anpassung an die Aussprache des Infinitivs bei den Formen mit der Endung -é bzw. -e, die die Verben auf -gar haben. Diese Besonderheit tritt in der 1. Person des Indefinido (ro**gu**é) und im Presente de subjuntivo (rue**gu**e, rue**gu**es ...) auf sowie bei folgenden Imperativformen: (usted) rue**gu**e, (nosotros) ro**gu**emos, (ustedes) rue**gu**en.

Anmerkungen:

(57) saber *wissen, können, schmecken*

Indicativo

Presente	Perfecto	
sé	he	sabido
sabes	has	sabido
sabe	ha	sabido
sabemos	hemos	sabido
sabéis	habéis	sabido
saben	han	sabido

Imperfecto	Pluscuamperfecto	
sabía	había	sabido
sabías	habías	sabido
sabía	había	sabido
sabíamos	habíamos	sabido
sabíais	habíais	sabido
sabían	habían	sabido

Indefinido	Pretérito anterior	
supe	hube	sabido
supiste	hubiste	sabido
supo	hubo	sabido
supimos	hubimos	sabido
supisteis	hubisteis	sabido
supieron	hubieron	sabido

Futuro simple	Futuro compuesto	
sabré	habré	sabido
sabrás	habrás	sabido
sabrá	habrá	sabido
sabremos	habremos	sabido
sabréis	habréis	sabido
sabrán	habrán	sabido

Gerundio

Simple	Compuesto	
sabiendo	habiendo	sabido

Subjuntivo

Presente
sepa
sepas
sepa
sepamos
sepáis
sepan

Imperfecto
supiera/supiese
supieras/supieses
supiera/supiese
supiéramos/supiésemos
supierais/supieseis
supieran/supiesen

Perfecto	
haya	sabido
hayas	sabido
haya	sabido
hayamos	sabido
hayáis	sabido
hayan	sabido

Pluscuamperfecto	
hubiera	sabido
hubieras	sabido
hubiera	sabido
hubiéramos	sabido
hubierais	sabido
hubieran	sabido

Participio

sabido

Condicional

Simple
sabría
sabrías
sabría
sabríamos
sabríais
sabrían

Compuesto	
habría	sido
habrías	sido
habría	sido
habríamos	sido
habríais	sido
habrían	sido

Imperativo

(tú)	sabe
(usted)	sepa
(nosotros)	sepamos
(vosotros)	sabed
(ustedes)	sepan

Infinitivo compuesto

haber sabido

saber *wissen, können, schmecken*

Anwendungsbeispiele

Sabemos la verdad sobre ese asunto. *Wir kennen die Wahrheit über diese Angelegenheit.*
No lo **sé**. *Ich weiß es nicht.*
¿**Sabes** italiano? *Kannst du Italienisch?*
Lo **supimos** anoche. *Wir erfuhren es gestern Abend.*
Él no **sabe** la "o" con un canuto. *Er hat keine Ahnung.*
Esto **sabe** a ajo. *Das schmeckt nach Knoblauch.*
Esta ensalada **sabe** a rayos. *Dieser Salat schmeckt scheußlich.*

Redewendungen

saber más que nadie *sehr schlau sein*
no saber ni jota *keine Ahnung haben*
saber bien/mal *gut/schlecht schmecken*
saber a.c. a poco *nicht genug von etw. haben*
saberse algo de memoria *etw. auswendig können*
saber a.c. de buena tinta *etw. aus sicherer Quelle wissen*

Ähnliche Verben

conocer *kennen*
gustar (comida) *schmecken*
enterarse *erfahren*
estar informado *Bescheid wissen, informiert sein*

Gebrauch

Saber hat zwei sehr unterschiedliche Bedeutungen: Einerseits bedeutet es *wissen*, *erfahren*, *können*, andererseits *schmecken*. Saber bedeutet nur bei erlernten Fähigkeiten *können*, wie z. B. bei Sprachkenntnissen. Außerdem kann saber je nach Kontext, vor allem je nach Zeit, mit *wissen* bzw. *erfahren* übersetzt werden:
No lo **sabía**. *Ich wusste es nicht.*
No lo **supe** hasta ayer. *Ich erfuhr es erst gestern.*

✎ **Anmerkungen:**

58 salir *hinausgehen, abfahren*

-l → -lg, -l → -ld

Indicativo

Presente
salgo	
sales	
sale	
salimos	
salís	
salen	

Perfecto
he	salido
has	salido
ha	salido
hemos	salido
habéis	salido
han	salido

Imperfecto
salía
salías
salía
salíamos
salíais
salían

Pluscuamperfecto
había	salido
habías	salido
había	salido
habíamos	salido
habíais	salido
habían	salido

Indefinido
salí
saliste
salió
salimos
salisteis
salieron

Pretérito anterior
hube	salido
hubiste	salido
hubo	salido
hubimos	salido
hubisteis	salido
hubieron	salido

Futuro simple
saldré
saldrás
saldrá
saldremos
saldréis
saldrán

Futuro compuesto
habré	salido
habrás	salido
habrá	salido
habremos	salido
habréis	salido
habrán	salido

Subjuntivo

Presente
salga
salgas
salga
salgamos
salgáis
salgan

Imperfecto
saliera/saliese
salieras/salieses
saliera/saliese
saliéramos/saliésemos
salierais/salieseis
salieran/saliesen

Perfecto
haya	salido
hayas	salido
haya	salido
hayamos	salido
hayáis	salido
hayan	salido

Pluscuamperfecto
hubiera	salido
hubieras	salido
hubiera	salido
hubiéramos	salido
hubierais	salido
hubieran	salido

Condicional

Simple
saldría
saldrías
saldría
saldríamos
saldríais
saldrían

Compuesto
habría	salido
habrías	salido
habría	salido
habríamos	salido
habríais	salido
habrían	salido

Imperativo
(tú)	sal
(usted)	salga
(nosotros)	salgamos
(vosotros)	salid
(ustedes)	salgan

Infinitivo compuesto
haber salido

Gerundio

Simple
saliendo

Compuesto
habiendo salido

Participio
salido

Anwendungsbeispiele

No **salgo** esta noche, estoy cansada. *Ich gehe heute nicht **aus**, ich bin müde.*
¿Cómo **salimos** de aquí? *Wie **kommen wir** von hier **nach draußen**?*
El tren **sale a** las cinco. *Der Zug **fährt** um fünf Uhr **ab**.*
¡**Sal** ya de la ducha, por favor! *Kommt bitte aus der Dusche **heraus**!*
Todo me **sale** mal. *Bei mir **läuft** alles schief.*

 Redewendungen

salir de algún sitio *hinausgehen*
salir por ahí *ausgehen*
salir con alg. *mit jdm. gehen, mit jdm. eine Beziehung haben*
salir adelante *weiterkommen*
salir bien/mal *gut/schlecht laufen*
salir pitando *davonlaufen*
salir ganando *jdm. von Nutzen sein*
salir a su hora *pünktlich abfahren, pünktlich gehen*
salir a relucir *zur Sprache kommen*
salir a la luz *ans Licht kommen*
salirse con la suya *sich durchsetzen*

 Andere Verben

entrar *hineingehen*
ingresar *eintreten, eingeliefert werden*

 Aufgepasst!

In der 1. Person des Presente de indicativo von salir wird ein -g zwischen Stamm und Endung eingefügt (**salgo**). Von dieser Person werden das Presente de subjuntivo (**salga**, **salgas** ...) sowie einige Imperativformen abgeleitet: (usted) **salga**, (nosotros) **salgamos**, (ustedes) **salgan**. Die Person (tú) **sal** des Imperativo ist ebenfalls unregelmäßig. Das Futuro und das Condicional haben einen anderen Stamm: **saldr-**.

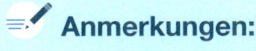 **Tipps & Tricks**

Die gleichen Unregelmäßigkeiten treten bei dem Verb valer *wert sein* (2. Konj.) und seiner Ableitung equivaler *gleichkommen* auf.

Anmerkungen:

59 satisfacer *zufriedenstellen, erfüllen*

Indicativo

Presente
satisfago
satisfaces
satisface
satisfacemos
satisfacéis
satisfacen

Perfecto
he satisfecho
has satisfecho
ha satisfecho
hemos satisfecho
habéis satisfecho
han satisfecho

Imperfecto
satisfacía
satisfacías
satisfacía
satisfacíamos
satisfacíais
satisfacían

Pluscuamperfecto
había satisfecho
habías satisfecho
había satisfecho
habíamos satisfecho
habíais satisfecho
habían satisfecho

Indefinido
satisfice
satisficiste
satisfizo
satisficimos
satisficisteis
satisficieron

Pretérito anterior
hube satisfecho
hubiste satisfecho
hubo satisfecho
hubimos satisfecho
hubisteis satisfecho
hubieron satisfecho

Futuro simple
satisfaré
satisfarás
satisfará
satisfaremos
satisfaréis
satisfarán

Futuro compuesto
habré satisfecho
habrás satisfecho
habrá satisfecho
habremos satisfecho
habréis satisfecho
habrán satisfecho

Gerundio

Simple
satisfaciendo

Compuesto
habiendo satisfecho

Subjuntivo

Presente
satisfaga
satisfagas
satisfaga
satisfagamos
satisfagáis
satisfagan

Imperfecto
satisficiera/satisficiese
satisficieras/satisficieses
satisficiera/satisficiese
satisficiéramos/satisficiésemos
satisficierais/satisficieseis
satisficieran/satisficiesen

Perfecto
haya satisfecho
hayas satisfecho
haya satisfecho
hayamos satisfecho
hayáis satisfecho
hayan satisfecho

Pluscuamperfecto
hubiera satisfecho
hubieras satisfecho
hubiera satisfecho
hubiéramos satisfecho
hubierais satisfecho
hubieran satisfecho

Participio
satisfecho

Condicional

Simple
satisfaría
satisfarías
satisfaría
satisfaríamos
satisfaríais
satisfarían

Compuesto
habría satisfecho
habrías satisfecho
habría satisfecho
habríamos satisfecho
habríais satisfecho
habrían satisfecho

Imperativo
(tú) satisfaz/satisface
(usted) satisfaga
(nosotros) satisfagamos
(vosotros) satisfaced
(ustedes) satisfagan

Infinitivo compuesto
haber satisfecho

Anwendungsbeispiele

Su respuesta no me **satisfizo**. *Seine Antwort* **stellte** *mich nicht* **zufrieden**.
Me gusta **satisfacer** los deseos de mis hijos. *Ich* **erfülle** *gerne die Wünsche meiner Kinder.*
Esperamos **satisfacer a** nuestros clientes. *Wir hoffen, unsere Kunden* **zufriedenzustellen**.

 Redewendungen

satisfacer un deseo *einen Wunsch erfüllen*
satisfacer las necesidades *die Bedürfnisse befriedigen*
satisfacer la curiosidad *die Neugier befriedigen*
satisfacer el hambre *den Hunger stillen*
satisfacer la sed *den Durst löschen*
satisfacer la demanda *die Nachfrage decken*

 Ähnliche Verben

contentar *zufriedenstellen*
cumplir *erfüllen*
llenar *erfüllen*
saciar/apagar el hambre *den Hunger stillen*
saciar/apagar la sed *den Durst löschen*

 Aufgepasst!

Das Verb satisfacer ist eine Ableitung von einer alten Form des Verbs hacer *machen, tun.* Seine Unregelmäßigketen orientieren sich daher an denen von hacer: Bei der 1. Person Singular des Presente de indicativo und dem Presente de subjuntivo sowie manchen Imperativformen wird ein -g eingefügt (satisfago, satisfaga satisfagamos ...) und das Indefinido hat einen neuen Stamm (satisfic-), von dem auch das Imperfecto de subjuntivo abgeleitet wird (satisficieron, satisficiera). Das Futuro und das Condicional werden mit dem Stamm satisfar- gebildet. Auch das Participio erinnert an hacer: satis**fecho**.

 Anmerkungen:

seguir *folgen, fortfahren*   -e → -i, -gu → -g

Indicativo

Presente
sigo
sigues
sigue
seguimos
seguís
siguen

Perfecto
he seguido
has seguido
ha seguido
hemos seguido
habéis seguido
han seguido

Imperfecto
seguía
seguías
seguía
seguíamos
seguíais
seguían

Pluscuamperfecto
había seguido
habías seguido
había seguido
habíamos seguido
habíais seguido
habían seguido

Indefinido
seguí
seguiste
siguió
seguimos
seguisteis
siguieron

Pretérito anterior
hube seguido
hubiste seguido
hubo seguido
hubimos seguido
hubisteis seguido
hubieron seguido

Futuro simple
seguiré
seguirás
seguirá
seguiremos
seguiréis
seguirán

Futuro compuesto
habré seguido
habrás seguido
habrá seguido
habremos seguido
habréis seguido
habrán seguido

Gerundio

Simple
siguiendo

Compuesto
habiendo seguido

Subjuntivo

Presente
siga
sigas
siga
sigamos
sigáis
sigan

Imperfecto
siguiera/siguiese
siguieras/siguieses
siguiera/siguiese
siguiéramos/siguiésemos
siguierais/siguieseis
siguieran/siguiesen

Perfecto
haya seguido
hayas seguido
haya seguido
hayamos seguido
hayáis seguido
hayan seguido

Pluscuamperfecto
hubiera seguido
hubieras seguido
hubiera seguido
hubiéramos seguido
hubierais seguido
hubieran seguido

Participio
seguido

Condicional

Simple
seguiría
seguirías
seguiría
seguiríamos
seguiríais
seguirían

Compuesto
habría seguido
habrías seguido
habría seguido
habríamos seguido
habríais seguido
habrían seguido

Imperativo

(tú) sigue
(usted) siga
(nosotros) sigamos
(vosotros) seguid
(ustedes) sigan

Infinitivo compuesto

haber seguido

Anwendungsbeispiele

Para ir al Palacio Real **sigan** tɔdc recto. *Um zum Königsschloss zu gelangen, gehen Sie geradeaus weiter.*
¡**Siga** ese taxi! *Folgen Sie dem Taxi da!*
Sigo enfermo. *Ich bin immer nocn krank.*
Seguimos viviendo en Segovia. *Wir wohnen weiterhin in Segovia.*

 Redewendungen

seguir adelante *weitermachen*
seguir bien/mal *sich weiterhin gut/schlecht fühlen*
seguir enfermo/contento/triste *weiterhin krank/zufrieden/traurig sein*
seguir viviendo/estudiando/viajando *immer noch wohnen/studieren/reisen*
seguir sin saber *etw. immer noch nicht wissen*
seguir un curso *einen Kurs besucnen*
seguir las instrucciones *die Anleitungen befolgen*
seguir un objetivo *ein Ziel verfɔlgen*
seguir las huellas de alg. *in jds. Fußstapfen treten*

 Ähnliche Verben

conseguir *erreichen*
perseguir *verfolgen*
proseguir *fortsetzen, fortführen*

 Aufgepasst!

Seguir wird wie pedir *bitten* konjugiert und hat ebenfalls den Vokalwechsel -e → -i in den stammbetonten Personen (1., 2., 3. Pers. Sing. und 3. Pers. Pl.) des Presente de indicativo, im Presente de subjuntivo, in der 3. Person Singular und Plural des Indefinido, im Gerundio sowie bei den folgenden Imperativformen: (tú) sigue, (usted) siga, (nosotros) sigamcs, (ustedes) sigan. Hinzu kommt eine orthografische Anpassung an die Aussprache des Infinitivs bei den Zeiten und Personen mit den Endungen -o und -a: Das -u nach dem -g entfällt.

=/ **Anmerkungen:**

(61) **sentir** *fühlen, bedauern*

-e → -ie, -e → -i

Indicativo

Presente
siento
sientes
siente
sentimos
sentís
sienten

Perfecto
he sentido
has sentido
ha sentido
hemos sentido
habéis sentido
han sentido

Imperfecto
sentía
sentías
sentía
sentíamos
sentíais
sentían

Pluscuamperfecto
había sentido
habías sentido
había sentido
habíamos sentido
habíais sentido
habían sentido

Indefinido
sentí
sentiste
sintió
sentimos
sentisteis
sintieron

Pretérito anterior
hube sentido
hubiste sentido
hubo sentido
hubimos sentido
hubisteis sentido
hubieron sentido

Futuro simple
sentiré
sentirás
sentirá
sentiremos
sentiréis
sentirán

Futuro compuesto
habré sentido
habrás sentido
habrá sentido
habremos sentido
habréis sentido
habrán sentido

Gerundio

Simple
sintiendo

Compuesto
habiendo sentido

Subjuntivo

Presente
sienta
sientas
sienta
sintamos
sintáis
sientan

Imperfecto
sintiera/sintiese
sintieras/sintieses
sintiera/sintiese
sintiéramos/sintiésemos
sintierais/sintieseis
sintieran/sintiesen

Perfecto
haya sentido
hayas sentido
haya sentido
hayamos sentido
hayáis sentido
hayan sentido

Pluscuamperfecto
hubiera sentido
hubieras sentido
hubiera sentido
hubiéramos sentido
hubierais sentido
hubieran sentido

Participio
sentido

Condicional

Simple
sentiría
sentirías
sentiría
sentiríamos
sentiríais
sentirían

Compuesto
habría sentido
habrías sentido
habría sentido
habríamos sentido
habríais sentido
habrían sentido

Imperativo
(tú) siente
(usted) sienta
(nosotros) sintamos
(vosotros) sentid
(ustedes) sientan

Infinitivo compuesto
haber sentido

Anwendungsbeispiele

Siento frío. *Mir ist kalt.*
Ellos **sienten** lo que pasó. *Sie bedauern, was passiert ist.*
Lo **siento**. *Es tut mir leid.*

 Redewendungen

sentir compasión por alg. *Mitleid für jdn. empfinden*
sentir la tentación *sich versucht fühlen*
sentirse bien/mal *sich gut/schlecht fühlen*
sentirse responsable de/por alg. *sich für jdn. verantwortlich fühlen*
sentirse como nuevo *sich wie neu geboren fühlen*

 Ähnliche Verben

asentir *zustimmen*
consentir *zulassen, nachgeben*
presentir *ahnen*
resentirse *leiden*

 Aufgepasst!

Bei sentir treten zwei Unregelmäßigkeiten auf:
Der Vokalwechsel -e → -ie betrifft die stammbetonten Personen (1., 2., 3. Pers. Sing. und 3. Pers. Pl.) des Presente de indicativo (siento, sientes ...) und subjuntivo (sienta, sientas ...) sowie folgende Imperativformen: (tú) siente, (usted) sienta, (ustedes) sientan.
Der Vokalwechsel -e → -i tritt bei den endungsbetonten Personen (1. und 2. Pers. Pl.) des Presente de subjuntivo (sintamos, sintáis), bei der Imperativform (nosotros) sintamos sowie bei der 3. Person Singular und Plural des Indefinido (sintió, sintieron) auf. Das Imperfecto de subjuntivo wird wie immer von der 3. Person Plural des Indefinido abgeleitet und ist daher auch unregelmäßig (sintiera, sintiese ...). Auch im Gerundio tritt der Wechsel -e → -i (sintiendo) auf.

 **Tipps & Tricks**

Folgende Verben werden wie sentir konjugiert: advertir *bemerken*, arrepentirse *bereuen*, divertirse *sich amüsieren*, herir *verletzen*, mentir *lügen* und preferir *vorziehen*.

Anmerkungen:

62 **soler** *pflegen*

Indicativo

Presente	**Perfecto**
suelo	–
sueles	–
suele	–
solemos	–
soléis	–
suelen	–

Imperfecto	**Pluscuamperfecto**
solía	–
solías	–
solía	–
solíamos	–
solíais	–
solían	–

Indefinido	**Pretérito anterior**
solí	–
soliste	–
solió	–
solimos	–
solisteis	–
solieron	–

Futuro simple	**Futuro compuesto**
–	–
–	–
–	–
–	–
–	–
–	–

Gerundio

Simple	**Compuesto**
–	–

Subjuntivo

Presente
suela
suelas
suela
solamos
soláis
suelan

Imperfecto
soliera/soliese
solieras/solieses
soliera/soliese
soliéramos/soliésemos
solierais/solieseis
solieran/soliesen

Perfecto
–
–
–
–
–
–

Pluscuamperfecto
–
–
–
–
–
–

Participio

–

Condicional

Simple
–
–
–
–
–
–

Compuesto
–
–
–
–
–
–

Imperativo

–
–
–
–
–

Infinitivo compuesto

–

Anwendungsbeispiele

Solemos ir a pescar los domingos. *Wir pflegen sonntags angeln zu gehen.*
Antes **solía ver a** Silvia a menudo. *Früher traf ich Silvia für gewöhnlich oft.*
No **suele venir** los lunes. *Er kommt normalerweise nicht am Montag.*
Las tiendas **suelen cerrar** a las ocho. *Die Geschäfte schließen normalerweise um acht Uhr.*
Cuando era más joven, **solía jugar** al fútbol. *Als ich jünger war, spielte ich für gewöhnlich Fußball.*

 Redewendungen

soler decir *zu sagen pflegen*
soler ocurrir *häufig vorkommen*
soler pasar *(normalerweise) geschehen*

 Ähnliche Verben

acostrumbrar a hacer a. c. *etw. für gewöhnlich tun*
acostrumbarse a a. c. *sich an etw. gewöhnen*
estar acostrumbrado a a. c. *an etw. gewöhnt sein*
hacer normalmente a. c. *etw. normalerweise tun*
tener la costumbre de hacer a. c. *die Gewohnheit haben, etw. zu tun*

⚡ **Gebrauch**

Das Verb **soler** ist ein Modalverb, das nur mit einem Infinitiv zusammen verwendet wird. Im Spanischen wird es oft gebraucht, um auszudrücken, dass eine Handlung oder ein Vorgang häufig stattfindet. Im Deutschen steht meist ein Verb ohne *pflegen (zu)*, begleitet von einem Adverb der Häufigkeit wie *gewöhnlich, normalerweise* etc.:
Suelo hacer deporte los sábados. *Normalerweise treibe ich samstags Sport.*
Soler ist aufgrund seiner Bedeutung ein unvollständiges Verb, d. h., es wird nur in folgenden Zeiten und Modi konjugiert: im Presente de indicativo und subjuntivo, im Imperfecto de indicativo und subjuntivo sowie im Indefinido.

✏️ **Anmerkungen:**

(63) **tener** *haben*

Indicativo

Presente	Perfecto	
tengo	he	tenido
tienes	has	tenido
tiene	ha	tenido
tenemos	hemos	tenido
tenéis	habéis	tenido
tienen	han	tenido

Imperfecto	Pluscuamperfecto	
tenía	había	tenido
tenías	habías	tenido
tenía	había	tenido
teníamos	habíamos	tenido
teníais	habíais	tenido
tenían	habían	tenido

Indefinido	Pretérito anterior	
tuve	hube	tenido
tuviste	hubiste	tenido
tuvo	hubo	tenido
tuvimos	hubimos	tenido
tuvisteis	hubisteis	tenido
tuvieron	hubieron	tenido

Futuro simple	Futuro compuesto	
tendré	habré	tenido
tendrás	habrás	tenido
tendrá	habrá	tenido
tendremos	habremos	tenido
tendréis	habréis	tenido
tendrán	habrán	tenido

Gerundio

Simple	Compuesto	
teniendo	habiendo	tenido

Subjuntivo

Presente
tenga
tengas
tenga
tengamos
tengáis
tengan

Imperfecto
tuviera/tuviese
tuvieras/tuvieses
tuviera/tuviese
tuviéramos/tuviésemos
tuvierais/tuvieseis
tuvieran/tuviesen

Perfecto	
haya	tenido
hayas	tenido
haya	tenido
hayamos	tenido
hayáis	tenido
hayan	tenido

Pluscuamperfecto	
hubiera	tenido
hubieras	tenido
hubiera	tenido
hubiéramos	tenido
hubierais	tenido
hubieran	tenido

Participio

tenido

Condicional

Simple
tendría
tendrías
tendría
tendríamos
tendríais
tendrían

Compuesto	
habría	tenido
habrías	tenido
habría	tenido
habríamos	tenido
habríais	tenido
habrían	tenido

Imperativo

(tú)	ten
(usted)	tenga
(nosotros)	tengamos
(vosotros)	tened
(ustedes)	tengan

Infinitivo compuesto

haber tenido

Anwendungsbeispiele

Tenemos una casa en la sierra. *Wir haben ein Haus in den Bergen.*
Jaime **tenía** un buen trabajo, pero lo perdió. *Jaime hatte einen guten Job, aber er verlor ihn.*
¿**Tienes** frío? *Ist dir kalt?*
Tengo treinta años. *Ich bin dreißig Jahre alt.*
Tuvo que ir al médico. *Er musste zum Arzt gehen.*
Yo no **tengo** la culpa. *Ich trage keine Schuld.*
¡Que **tengas** mucha suerte! *Viel Glück!*

 Witz

En un hotel:
"El Sr. Miranda tiene un ataque de risa. ¿Llamo a un médico?"
"No, no tienes que llamar a nadie, Jorge. En la recepción tenemos una lista de los verbos irregulares en español para esos casos."

 Ähnliche Verben

detener *anhalten*
obtener *erhalten, gewinnen*
retener *beschlagnahmen*
sostener *festhalten, stützen*

 Gebrauch

Tener ist ein Vollverb, das dem deutschen *haben, besitzen* entspricht. In der Vergangenheit kann es unterschiedliche Bedeutungen – je nach Zeitform – haben:
Antes **tenía** muchos amigos. *Früher hatte ich viele Freunde.*
Ayer **tuvimos** una buena noticia. *Gestern erhielten wir eine gute Nachricht.*
Tener que + Infinitivo bedeutet *müssen*:
Tiene que volver. *Er muss zurückkommen.*
Im Gegensatz zum Verb deber *müssen* wird tener que + Infinitivo verwendet, wenn es sich um eine notwendige Handlung oder ein Bedürfnis handelt.

 Anmerkungen:

torcer *abbiegen, drehen*

-o → -ue, -c → -z

Indicativo

Presente	Perfecto	
tuerzo	he	torcido
tuerces	has	torcido
tuerce	ha	torcido
torcemos	hemos	torcido
torcéis	habéis	torcido
tuercen	han	torcido

Imperfecto	Pluscuamperfecto	
torcía	había	torcido
torcías	habías	torcido
torcía	había	torcido
torcíamos	habíamos	torcido
torcíais	habíais	torcido
torcían	habían	torcido

Indefinido	Pretérito anterior	
torcí	hube	torcido
torciste	hubiste	torcido
torció	hubo	torcido
torcimos	hubimos	torcido
torcisteis	hubisteis	torcido
torcieron	hubieron	torcido

Futuro simple	Futuro compuesto	
torceré	habré	torcido
torcerás	habrás	torcido
torcerá	habrá	torcido
torceremos	habremos	torcido
torceréis	habréis	torcido
torcerán	habrán	torcido

Gerundio

Simple	Compuesto	
torciendo	habiendo	torcido

Subjuntivo

Presente
tuerza
tuerzas
tuerza
torzamos
torzáis
tuerzan

Imperfecto
torciera/torciese
torcieras/torcieses
torciera/torciese
torciéramos/torciésemos
torcierais/torcieseis
torcieran/torciesen

Perfecto	
haya	torcido
hayas	torcido
haya	torcido
hayamos	torcido
hayáis	torcido
hayan	torcido

Pluscuamperfecto	
hubiera	torcido
hubieras	torcido
hubiera	torcido
hubiéramos	torcido
hubierais	torcido
hubieran	torcido

Participio

torcido

Condicional

Simple
torcería
torcerías
torcería
torceríamos
torceríais
torcerían

Compuesto	
habría	torcido
habrías	torcido
habría	torcido
habríamos	torcido
habríais	torcido
habrían	torcido

Imperativo

(tú)	tuerce
(usted)	tuerza
(nosotros)	torzamos
(vosotros)	torced
(ustedes)	tuerzan

Infinitivo compuesto

haber torcido

torcer *abbiegen, drehen*

 Anwendungsbeispiele

He torcido la llave al abrir la puerta. *Ich habe* den Schlüssel *verbogen, als ich die Tür geöffnet habe.*
Tuerza la segunda calle a la derecha. *Biegen Sie die zweite Straße rechts ab.*
El espejo **tuerce** los rayos de luz. *Der Spiegel lenkt die Lichtstrahlen um.*

 Redewendungen

torcer un alambre *einen Draht verbiegen*
torcer los ojos *die Augen verdrehen*
torcer la cabeza *den Kopf drehen*
torcer la vista *schielen*
torcer el gesto *den Mund verziehen*
torcer un plan *einen Plan zum Scheitern bringen*
torcerse un pie *mit dem Fuß umknicken*

 Ähnliche Verben

desviar *umlenken*
doblar *biegen, krümmen*
girar *abbiegen*

 Aufgepasst!

Der Vokalwechsel -o → -ue betrifft die stammbetonten Personen (1., 2., 3. Pers. Sing. und 3. Pers. Pl.) des Presente de indicativo (**tuerzo, tuerces** ...) und subjuntivo (**tuerza, tuerzas** ...) sowie folgende Imperativformen: (tú) **tuerce**, (usted) **tuerza**, (ustedes) **tuerzan**.
Das Verb torcer weist aber auch eine orthografische Anpassung an die Aussprache des Infinitivs bei den Zeiten und Personen auf, die auf -o bzw. -a enden. Das sind die 1. Person Singular des Presente de indicativo (**tuerzo**), alle Formen des Presente de subjuntivo (**tuerza** ...) sowie die Imperativformen, die vom Presente de subjuntivo abgeleitet werden: (usted) **tuerza**, (nosotros) **torzamos** (ustedes) **tuerzan**.

Anmerkungen:

65 traer *(her)bringen, (mit)bringen*

Indicativo

Presente
traigo
traes
trae
traemos
traéis
traen

Perfecto
he traído
has traído
ha traído
hemos traído
habéis traído
han traído

Imperfecto
traía
traías
traía
traíamos
traíais
traían

Pluscuamperfecto
había traído
habías traído
había traído
habíamos traído
habíais traído
habían traído

Indefinido
traje
trajiste
trajo
trajimos
trajisteis
trajeron

Pretérito anterior
hube traído
hubiste traído
hubo traído
hubimos traído
hubisteis traído
hubieron traído

Futuro simple
traeré
traerás
traerá
traeremos
traeréis
traerán

Futuro compuesto
habré traído
habrás traído
habrá traído
habremos traído
habréis traído
habrán traído

Gerundio

Simple
trayendo

Compuesto
habiendo traído

Subjuntivo

Presente
traiga
traigas
traiga
traigamos
traigáis
traigan

Imperfecto
trajera/trajese
trajeras/trajeses
trajera/trajese
trajéramos/trajésemos
trajerais/trajeseis
trajeran/trajesen

Perfecto
haya traído
hayas traído
haya traído
hayamos traído
hayáis traído
hayan traído

Pluscuamperfecto
hubiera traído
hubieras traído
hubiera traído
hubiéramos traído
hubierais traído
hubieran traído

Participio
traído

Condicional

Simple
traería
traerías
traería
traeríamos
traeríais
traerían

Compuesto
habría traído
habrías traído
habría traído
habríamos traído
habríais traído
habrían traído

Imperativo
(tú) trae
(usted) traiga
(nosotros) traigamos
(vosotros) traed
(ustedes) traigan

Infinitivo compuesto
haber traído

traer *(her)bringen, (mit)bringen*

 Anwendungsbeispiele

He traído estos bombones. *Ich habe diese Pralinen mitgebracht.*
¿Nos puede **traer** más pan? *Können Sie uns noch mehr Brot bringen?*
Eso no **traerá** nada bueno. *Das wird zu nichts Gutem führen.*

 Redewendungen

traer de cabeza *jdn. verrückt machen*
traer a cuento a. c. *etw. zur Sprache bringen*
traer cuenta *sich lohnen, etw. bringen*
traer a la memoria *ins Gedächtnis rufen*
traer consigo problemas *Probleme mit sich bringen*
traer consecuencias *Folgen haben*
traer retraso *Verspätung haben*
traer cola *Konsequenzen haben*
traerse entre manos *etw. im Schilde führen*

 Ähnliche Verben

aportar *mitbringen, beitragen*
dar *geben*
devolver *zurückgeben*
llevar(se) *(mit)nehmen*

 Gebrauch

Wie das Verb llevar *nehmen* orientiert sich traer in seinem Gebrauch an den
Verben venir *kommen* und ir *gehen, fahren.*
Vom Ausgangspunkt ausgehend, verwendet man ir *gehen, fahren* und llevar
nehmen:
¿Qué **llevo** a la fiesta? *Was soll ich zum Fest mitbringen?*
Wenn man etwas aus der Perspektive des Zieles betrachtet, verwendet man venir
kommen und traer:
He traído las fotos del viaje. *Ich habe die Fotos von der Reise mitgebracht.*

 Anmerkungen:

vencer *(be)siegen*   -c → -z

Indicativo

Presente	**Perfecto**	
venzo	he	vencido
vences	has	vencido
vence	ha	vencido
vencemos	hemos	vencido
vencéis	habéis	vencido
vencen	han	vencido

Imperfecto	**Pluscuamperfecto**	
vencía	había	vencido
vencías	habías	vencido
vencía	había	vencido
vencíamos	habíamos	vencido
vencíais	habíais	vencido
vencían	habían	vencido

Indefinido	**Pretérito anterior**	
vencí	hube	vencido
venciste	hubiste	vencido
venció	hubo	vencido
vencimos	hubimos	vencido
vencisteis	hubisteis	vencido
vencieron	hubieron	vencido

Futuro simple	**Futuro compuesto**	
venceré	habré	vencido
vencerás	habrás	vencido
vencerá	habrá	vencido
venceremos	habremos	vencido
venceréis	habréis	vencido
vencerán	habrán	vencido

Gerundio

Simple	**Compuesto**	
venciendo	habiendo	vencido

Subjuntivo

Presente	
venza	
venzas	
venza	
venzamos	
venzáis	
venzan	

Imperfecto
venciera/venciese
vencieras/vencieses
venciera/venciese
venciéramos/venciésemos
vencierais/vencieseis
vencieran/venciesen

Perfecto	
haya	vencido
hayas	vencido
haya	vencido
hayamos	vencido
hayáis	vencido
hayan	vencido

Pluscuamperfecto	
hubiera	vencido
hubieras	vencido
hubiera	vencido
hubiéramos	vencido
hubierais	vencido
hubieran	vencido

Participio

vencido

Condicional

Simple
vencería
vencerías
vencería
venceríamos
venceríais
vencerían

Compuesto	
habría	vencido
habrías	vencido
habría	vencido
habríamos	vencido
habríais	vencido
habrían	vencido

Imperativo

(tú)	vence
(usted)	venza
(nosotros)	venzamos
(vosotros)	venced
(ustedes)	venzan

Infinitivo compuesto

haber vencido

vencer *(be)siegen*

 Anwendungsbeispiele

El equipo **venció en** la Liga. *Die Mannschaft* **siegt in** *der Liga.*
Espero que **venza** el mejor. *Ich hoffe, dass der Beste* **gewinnt**.
Hoy **vence** el plazo para inscribirse en el curso. *Heute* **läuft** *die Frist* **ab,** *um sich bei dem Kurs anzumelden.*
Este pasaporte **está vencido**. *Dieser Reisepass* **ist abgelaufen**.
Me venció el cansancio. *Ich wurde von Müdigkeit* **übermannt**.

 Redewendungen

vencer al contrincante *den Gegner besiegen*
vencer las dificultades *die Schwierigkeiten überwinden*
vencer la pereza *die Faulheit besiegen*
vencer un obstáculo *ein Hindernis überwinden*
vencerse a sí mismo *sich überwinden*
vencer en toda línea *auf ganzer Linie siegen*
dejarse vencer *aufgeben*

 Ähnliche Verben

abatir *entkräften, demütigen*   convencer *überzeugen*
aplastar *(vernichtend) schlagen*
caducar *verfallen, ungültig werden*
derrotar *schlagen*
ganar *gewinnen*
imponerse *sich durchsetzen*

⚡ **Aufgepasst!**

Einige Zeiten und Personen des Verbs vencer werden mit -z geschrieben. Es handelt sich dabei um eine orthografische Anpassung an die Aussprache des Infinitivs: -c wird zu -z vor -o bzw. -a. Das betrifft die 1. Person Singular des Presente de indicativo (ven**z**o), das Presente de subjuntivo (ven**z**a, ven**z**as ...) sowie folgende Imperativformen: (usted) ven**z**a, (nosotros) ven**z**amos, (ustedes) ven**z**an.

✏ **Anmerkungen:**

67 **venir** *kommen*

Indicativo

Presente	**Perfecto**	
vengo	he	venido
vienes	has	venido
viene	ha	venido
venimos	hemos	venido
venís	habéis	venido
vienen	han	venido

Imperfecto	**Pluscuamperfecto**	
venía	había	venido
venías	habías	venido
venía	había	venido
veníamos	habíamos	venido
veníais	habíais	venido
venían	habían	venido

Indefinido	**Pretérito anterior**	
vine	hube	venido
viniste	hubiste	venido
vino	hubo	venido
vinimos	hubimos	venido
vinisteis	hubisteis	venido
vinieron	hubieron	venido

Futuro simple	**Futuro compuesto**	
vendré	habré	venido
vendrás	habrás	venido
vendrá	habrá	venido
vendremos	habremos	venido
vendréis	habréis	venido
vendrán	habrán	venido

Gerundio

Simple	**Compuesto**	
viniendo	habiendo	venido

Subjuntivo

Presente
venga
vengas
venga
vengamos
vengáis
vengan

Imperfecto
viniera/viniese
vinieras/vinieses
viniera/viniese
viniéramos/viniésemos
vinierais/vinieseis
vinieran/viniesen

Perfecto	
haya	venido
hayas	venido
haya	venido
hayamos	venido
hayáis	venido
hayan	venido

Pluscuamperfecto	
hubiera	venido
hubieras	venido
hubiera	venido
hubiéramos	venido
hubierais	venido
hubieran	venido

Participio

venido

Condicional

Simple
vendría
vendrías
vendría
vendríamos
vendríais
vendrían

Compuesto	
habría	venido
habrías	venido
habría	venido
habríamos	venido
habríais	venido
habrían	venido

Imperativo

(tú)	ven
(usted)	venga
(nosotros)	vengamos
(vosotros)	venid
(ustedes)	vengan

Infinitivo compuesto

haber venido

Anwendungsbeispiele

Elena no puede **venir**, está enferma. *Elena kann nicht **kommen**, sie ist krank.*
El viaje **viene a costar** dos mil euros. *Die Reise **kostet ungefähr** zweitausend Euro.*
Venimos diciendo eso desde hace tiempo. *Wir sagen das **immer wieder** seit langer Zeit.*
¡**Ven** aquí! *Komm hierher!*
Esa fecha no **me viene** bien. *Dieses Datum **passt** nicht gut.*

 Sprichwörter

El que venga atrás, que arree. *Nach mir die Sintflut.*
No hay mal que por bien no venga. *Glück und Unglück liegen nah beieinander.*
Las desgracias nunca vienen solas. *Ein Unglück kommt selten allein.*

 Ähnliche Verben

contravenir *verstoßen*
convenir *vereinbaren*
intervenir *teilnehmen, eingreifen*
prevenir *versorgen, vorbeugen*
provenir *herkommen*
sobrevenir *aufkommen, auftreten*

 Gebrauch

Das Verb venir ist nicht nur ein Vollverb, sondern bildet als Hilfsverb zusammen mit einem Infinitivo bzw. Gerundio verbale Umschreibungen.
Mit venir a + Infinitivo werden ungefähre Angaben gemacht:
El científico **viene a afirmar** lo mismo en su libro. *Der Wissenschaftler **behauptet** in seinem Buch **ungefähr** das Gleiche.*
Venir + Gerundio betont die Dauer einer Handlung:
Venimos hablando de ello desde el verano. *Wir **reden schon** seit dem Sommer darüber.*

 Anmerkungen:

68 **ver** *sehen*

Indicativo

Presente	**Perfecto**	
veo	he	visto
ves	has	visto
ve	ha	visto
vemos	hemos	visto
veis	habéis	visto
ven	han	visto

Imperfecto	**Pluscuamperfecto**	
veía	había	visto
veías	habías	visto
veía	había	visto
veíamos	habíamos	visto
veíais	habíais	visto
veían	habían	visto

Indefinido	**Pretérito anterior**	
vi	hube	visto
viste	hubiste	visto
vio	hubo	visto
vimos	hubimos	visto
visteis	hubisteis	visto
vieron	hubieron	visto

Futuro simple	**Futuro compuesto**	
veré	habré	visto
verás	habrás	visto
verá	habrá	visto
veremos	habremos	visto
veréis	habréis	visto
verán	habrán	visto

Gerundio

Simple	**Compuesto**	
viendo	habiendo	visto

Subjuntivo

Presente	
vea	
veas	
vea	
veamos	
veáis	
vean	

Imperfecto	
viera/viese	
vieras/vieses	
viera/viese	
viéramos/viésemos	
vierais/vieseis	
vieran/viesen	

Perfecto	
haya	visto
hayas	visto
haya	visto
hayamos	visto
hayáis	visto
hayan	visto

Pluscuamperfecto	
hubiera	visto
hubieras	visto
hubiera	visto
hubiéramos	visto
hubierais	visto
hubieran	visto

Participio

visto

Condicional

Simple	
vería	
verías	
vería	
veríamos	
veríais	
verían	

Compuesto	
habría	visto
habrías	visto
habría	visto
habríamos	visto
habríais	visto
habrían	visto

Imperativo

(tú)	ve
(usted)	vea
(nosotros)	veamos
(vosotros)	ved
(ustedes)	vean

Infinitivo compuesto

haber visto

Anwendungsbeispiele

¿**Ves** la torre de la iglesia? *Siehst du den Kirchturm?*
Veo a Manuel muy a menudo. *Ich sehe Manuel sehr oft.*
Todavía no lo **veis** claro, ¿verdad? *Ihr seht es noch nicht (klar), oder?*
Mis hermanas van a venir a **verme**. *Meine Schwestern werden mich besuchen kommen.*
Se ve que te gusta el arte. *Man sieht, dass du Kunst magst.*
Te ves triste. *Du siehst traurig aus.*
Bueno, ya **veremos**. *Gut, wir werden sehen.*
Está tan cansado que **no ve**. *Er ist so müde, dass ihm die Augen zufallen.*

 Redewendungen

ver venir a alg. *wissen, was jd. vorhat*
tener que ver con a. c./alg. *mit etw./jdm. zu tun haben*
no poder ver a alg. *jdn. nicht leiden können*
no ver ni torta *die Hand nicht vor Augen sehen*

 Ähnliche Verben

contemplar *betrachten*
divisar *erblicken*
mirar *ansehen*
observar *beobachten*

entrever *in Aussicht haben*
prever *vorhersehen*

 Gebrauch

Das Verb ver wird mit der Präposition a verwendet, wenn das nachstehende
Objekt („direktes Objekt") eine Person bezeichnet. Bei Verallgemeinerungen
steht jedoch das direkte Objekt ohne Präposition:
He visto una película. *Ich habe einen Film gesehen.*
Vi a María en el metro. *Ich sah Maria in der U-Bahn.*
Veo siempre mucha gente desde mi ventana. *Ich sehe immer viele Leute von meinem Fenster aus.*

 Anmerkungen:

171

volcar *umwerfen, umkippen* -o ➝ -ue, -c ➝ -qu

Indicativo

Presente
vuelco	
vuelcas	
vuelca	
volcamos	
volcáis	
vuelcan	

Perfecto
he	volcado
has	volcado
ha	volcado
hemos	volcado
habéis	volcado
han	volcado

Imperfecto
volcaba
volcabas
volcaba
volcábamos
volcabais
volcaban

Pluscuamperfecto
había	volcado
habías	volcado
había	volcado
habíamos	volcado
habíais	volcado
habían	volcado

Indefinido
volqué
volcaste
volcó
volcamos
volcasteis
volcaron

Pretérito anterior
hube	volcado
hubiste	volcado
hubo	volcado
hubimos	volcado
hubisteis	volcado
hubieron	volcado

Futuro simple
volcaré
volcarás
volcará
volcaremos
volcaréis
volcarán

Futuro compuesto
habré	volcado
habrás	volcado
habrá	volcado
habremos	volcado
habréis	volcado
habrán	volcado

Gerundio

Simple
volcando

Compuesto
habiendo volcado

Subjuntivo

Presente
vuelque
vuelques
vuelque
volquemos
volquéis
vuelquen

Imperfecto
volcara/volcase
volcaras/volcases
volcara/volcase
volcáramos/volcásemos
volcarais/volcaseis
volcaran/volcasen

Perfecto
haya	volcado
hayas	volcado
haya	volcado
hayamos	volcado
hayáis	volcado
hayan	volcado

Pluscuamperfecto
hubiera	volcado
hubieras	volcado
hubiera	volcado
hubiéramos	volcado
hubierais	volcado
hubieran	volcado

Participio
volcado

Condicional

Simple
volcaría
volcarías
volcaría
volcaríamos
volcaríais
volcarían

Compuesto
habría	volcado
habrías	volcado
habría	volcado
habríamos	volcado
habríais	volcado
habrían	volcado

Imperativo
(tú)	vuelca
(usted)	vuelque
(nosotros)	volquemos
(vosotros)	volcad
(ustedes)	vuelquen

Infinitivo compuesto
haber volcado

Anwendungsbeispiele

El coche **volcó** en la carretera. *Das Auto* ***überschlug sich*** *auf der Straße.*
He volcado la harina. *Ich habe das Mehl* ***umgeworfen.***
Ten cuidado, el vaso se puede **volcar**. *Sei vorsichtig, das Glas kann* ***umkippen.***
Se volcaron con nosotros. *Sie waren extrem aufmerksam bei uns.*

 Redewendungen

volcarse *sich bemühen*
volcarse en a. c./alg. *sich für etw./jdn. ein Bein ausreißen*
volcarse en el trabajo *sich in die Arbeit stürzen*

 Ähnliche Verben

caerse *umfallen*
derribar *niederreißen, einschlagen*
hacer caer *umwerfen, fallen lassen*
tirar *werfen*
tumbar *zu Boden werfen*
verter *auskippen*

 Aufgepasst!

Zwei Besonderheiten treten bei **volcar** auf: der Vokalwechsel -o → -ue und die
orthografische Unregelmäßigkeit -c → -qu.
Der Vokalwechsel betrifft die stammbetonten Personen (1., 2., 3. Pers. Sing.
und 3. Pers. Pl.) des Presente de indicativo (**vuel**co, **vuel**cas ...) und subjuntivo
(**vuel**que, **vuel**ques ...) sowie folgende Imperativformen: (tú) **vuel**ca, (usted)
vuelque, (ustedes) **vuel**quen.
Der Wechsel -c → -qu ist eine orthografische Anpassung an die Aussprache des
Infinitivs bei den Formen, die auf -é bzw. -e enden: bei der 1. Person Singular
des Indefinido (vol**qu**é), dem Presente de subjuntivo (vuel**qu**e, vuel**qu**es ...)
sowie bei allen Imperativformen, die vom Presente de subjuntivo abgeleitet werden (usted, nosotros, ustedes).

 Anmerkungen:

(70) **volver** *zurückkommen*

-o ➡ -ue

Indicativo

Presente	Perfecto	
vuelvo	he	vuelto
vuelves	has	vuelto
vuelve	ha	vuelto
volvemos	hemos	vuelto
volvéis	habéis	vuelto
vuelven	han	vuelto

Imperfecto	Pluscuamperfecto	
volvía	había	vuelto
volvías	habías	vuelto
volvía	había	vuelto
volvíamos	habíamos	vuelto
volvíais	habíais	vuelto
volvían	habían	vuelto

Indefinido	Pretérito anterior	
volví	hube	vuelto
volviste	hubiste	vuelto
volvió	hubo	vuelto
volvimos	hubimos	vuelto
volvisteis	hubisteis	vuelto
volvieron	hubieron	vuelto

Futuro simple	Futuro compuesto	
volveré	habré	vuelto
volverás	habrás	vuelto
volverá	habrá	vuelto
volveremos	habremos	vuelto
volveréis	habréis	vuelto
volverán	habrán	vuelto

Gerundio

Simple	Compuesto	
volviendo	habiendo	vuelto

Subjuntivo

Presente
vuelva
vuelvas
vuelva
volvamos
volváis
vuelvan

Imperfecto
volviera/volviese
volvieras/volvieses
volviera/volviese
volviéramos/volviésemos
volvierais/volvieseis
volvieran/volviesen

Perfecto	
haya	vuelto
hayas	vuelto
haya	vuelto
hayamos	vuelto
hayáis	vuelto
hayan	vuelto

Pluscuamperfecto	
hubiera	vuelto
hubieras	vuelto
hubiera	vuelto
hubiéramos	vuelto
hubierais	vuelto
hubieran	vuelto

Participio

vuelto

Condicional

Simple
volvería
volverías
volvería
volveríamos
volveríais
volverían

Compuesto	
habría	vuelto
habrías	vuelto
habría	vuelto
habríamos	vuelto
habríais	vuelto
habrían	vuelto

Imperativo

(tú)	vuelve
(usted)	vuelva
(nosotros)	volvamos
(vosotros)	volved
(ustedes)	vuelvan

Infinitivo compuesto

haber vuelto

Anwendungsbeispiele

Fernando **vuelve** dentro de una semana. *Fernando **kommt** in einer Woche zurück.*

¿Cuándo **has vuelto de** Málaga? *Wann **bist du** aus Málaga **zurückgekommen**?*

Aconsejé a Pedro que se **volviera a** casa. *Ich empfahl Pedro, **nach** Hause zurückzugehen.*

Vuelve a casa. *Geh wieder nach Hause.*

Todavía no **ha vuelto en sí.** *Er ist noch nicht wieder zu sich gekommen.*

He vuelto a fumar. *Ich habe wieder geraucht.*

Se volvió hacia mí con una sonrisa. *Er drehte sich mit einem Lächeln zu mir um.*

Se ha vuelto muy generoso. *Er ist sehr großzügig geworden.*

 Sprichwörter

Lo que se fue no vuelve. *Was vergangen ist, kommt nicht mehr zurück.*

Las aguas siempre vuelven a su cauce. *Alles kommt wieder ins Lot.*

 Ähnliche Wörter

devolver *zurückgeben*

desenvolver *auspacken*

envolver *einpacken*

revolver *umrühren, durcheinanderbringen*

 Aufgepasst!

Bei volver tritt der Vokalwechsel -o → -ue auf. Betroffen sind dabei die stammbetonten Personen (1., 2., 3. Pers. Sing. und 3. Pers. Pl.) des Presente de indicativo (vuelvo, vuelves ...) und subjuntivo (vuelva, vuelvas ...) sowie folgende Imperativformen: (tú) vuelve, (usted) vuelva, (ustedes) vuelvan. Auch viele andere Verben der 1., 2. und 3. Konjugation weisen diese Unregelmäßigkeit auf.

Im Unterschied zu diesen Verben haben volver und seine Ableitungen auch unregelmäßige Partizipien: vuelto, devuelto, revuelto.

 Anmerkungen:

Verben mit Präposition

Eine Reihe spanischer Verben wird mit einer bestimmten Präposition verwendet. Es handelt sich in den meisten Fällen um die Präpositionen de, a und en. Manche Verben haben verschiedene Präpositionen, andere dagegen werden immer mit der gleichen Präposition verwendet. Hier finden Sie eine Liste geläufiger Verben mit Präposition.

▸ abusar **de** a. c./alg. ....
  etw./jdn. missbrauchen

  Abusaron de mi amistad.
  Sie missbrauchten meine Freundschaft.

acabar **con** a. c./alg. ....
  etw./jdn. vernichten

  Han acabado con los recursos.
  Sie haben die Ressourcen vernichtet.

acabar **de** hacer a. c. ....
  soeben etw. getan haben

  Acabo de ver a Leonor.
  Ich habe soeben Leonor gesehen.

acabar **por** hacer a. c. ....
  schließlich etw. tun

  Acabó por volverse a Almería.
  Er ging schließlich nach Almería zurück.

acordarse **de** a. c./alg. ....
  sich an etw./jdn. erinnern

  Ya no me acuerdo de ellos.
  Ich erinnere mich nicht mehr an sie.

acostumbrarse **a** a. c./alg. .....
  sich an etw./jdn. gewöhnen

  Se ha acostumbrado a su nueva vida.
  Er hat sich an sein neues Leben gewöhnt.

agradecer a. c. **a** alg. ....
  jdm. für etw. danken

  Le agradezco su colaboración.
  Ich danke Ihnen für Ihre Mitwirkung.

alegrarse **de/con/por** a. c. ....
  sich über/auf etw. freuen

  Me alegré mucho con la noticia.
  Ich freute mich sehr über die Nachricht.

aprovecharse **de** a. c./alg. .....
  etw./jdn. ausnutzen

  Se aprovecharon de la oportunidad.
  Sie nutzten die Gelegenheit aus.

arrepentirse **de** a. c. ....
  etw. bereuen

  Se arrepiente de su pasado.
  Er bereut seine Vergangenheit.

asistir **a** a. c. ....
  an etw. teilnehmen

  Doscientas personas asistieron al congreso.
  Zweihundert Personen nahmen am Kongress teil.

asomarse **a** ....
  sich hinauslehnen

  No puedes asomarte a la ventana.
  Du darfst dich nicht aus dem Fenster lehnen.

asustarse **de/por/con** a. c. ...
  vor etw. erschrecken

  Se ha asustado con el ruido.
  Er ist bei dem Geräusch erschrocken.

atreverse **a** hacer a. c. ....
   sich trauen, etw. zu tun

No me atrevo todavía a hacer el examen.
Ich traue mich noch nicht, die Prüfung zu schreiben.

basarse **en** ....
   sich auf etw. stützen

Me baso en la opinión de un especialista.
Ich stütze mich auf die Aussage eines Spezialisten.

bastar **con/de** ....
   genügen

¡Basta de bromas!
Genug gescherzt!

burlarse **de** a. c./alg. ....
   sich über etw./jdn. lustig machen

Siempre se burlan de ellos.
Sie machen sich immer über sie lustig.

cambiar a. c. **por** otra ....
   etw. gegen etw. anderes umtauschen

Quiero cambiar esta falda por una mayor.
Ich möchte diesen Rock gegen einen größeren umtauschen.

cambiar **de** a. c. ....
   etw. ändern, wechseln

Tengo que cambiar de asiento.
Ich muss den Platz wechseln.

casarse **con** alg. ....
   jdn. heiraten

Se ha casado con un viejo amigo.
Sie hat einen alten Freund geheiratet.

comenzar **a** hacer a. c. ....
   anfangen, etw. zu tun

Comenzó a estudiar con cuarenta años.
Er fing an zu studieren, als er vierzig Jahre alt war.

componerse **de** a. c. ....
   aus etw. bestehen

Cada lección se compone de seis páginas.
Jede Lektion besteht aus sechs Seiten.

concentrarse **en** a. c./alg. .....
   sich auf etw./jdn. konzentrieren

Se ha concentrado mucho en su trabajo.
Er hat sich sehr auf seine Arbeit konzentriert.

confiar **en** a. c./alg. ....
   auf etw./jdn. vertrauen

Confío mucho en mis vecinos.
Ich vertraue sehr auf meine Nachbarn.

consentir **en** a. c. ....
   in etw. einwilligen

Consintió en prestarle el coche a su hijo.
Er willigte ein, seinem Sohn das Auto zu leihen.

consistir **en** a. c. ....
   aus etw. bestehen

La teoría consiste en varios principios.
Die Theorie besteht aus mehreren Prinzipien.

constar **de** a. c. ....
   sich aus etw. zusammensetzen

La prueba consta de tres partes.
Die Prüfung setzt sich aus drei Teilen zusammen.

contar **con** a. c./alg. ....
über etw. verfügen,
auf jdn. zählen

El hotel cuenta con una sauna.
Das Hotel verfügt über eine Sauna.

creer **en** a. c./alg. ....
an etw./jdn. glauben

Creo en ello.
Ich glaube daran.

▶ deberse **a** a. c. ....
auf etw. zurückzuführen sein

Su enfermedad se debe a su estilo de vida.
*Seine Krankheit ist auf seinen Lebensstil zurück-
zuführen.*

decidirse **a** hacer a. c. ....
sich entschließen, etw. zu tun

Se ha decidido a cambiar de trabajo.
Er hat sich entschlossen, die Arbeit zu wechseln.

decidirse **por** a. c./alg. ....
sich für etw./jdn. entscheiden

Nos decidimos por este coche.
Wir entscheiden uns für dieses Auto.

dedicarse **a** a. c. ....
sich etw. widmen

Me dedico a la Informática.
Ich widme mich der Informatik.

dejar **de** hacer a. c. ....
aufhören, etw. zu tun

Tienes que dejar de pensar en él.
Du musst aufhören, an ihn zu denken.

desconfiar **de** a. c./alg. ....
etw./jdm. misstrauen, an
etw./jdm. zweifeln

Desconfío de esa oferta.
Ich misstraue diesem Angebot.

disfrazarse **de** a. c./alg. ....
sich als etw./jd. verkleiden

Siempre se disfraza de payaso.
Er verkleidet sich immer als Clown.

disfrutar **de** a. c. ....
etw. genießen

Disfruté mucho de las vacaciones.
Ich habe den Urlaub sehr genossen.

disponer **de** a. c./alg. ....
über etw./jdn. verfügen

Dispone de dos chalés en el mar.
Er verfügt über zwei Häuser am Meer.

dudar **de** a. c./alg. ....
an etw./jdm. zweifeln

Dudo de la verdad de sus palabras.
Ich zweifle an der Richtigkeit seiner Aussage.

▶ echar(se) **a** hacer a. c. ....
plötzlich anfangen,
etw. zu tun

Al oír la noticia se echó a llorar.
*Als er die Nachricht hörte, fing er plötzlich an zu
weinen.*

empezar **a** hacer a. c. ....
anfangen, etw. zu tun

He empezado ya a preparar la comida.
*Ich habe schon angefangen, das Essen vorzu-
bereiten.*

enamorarse de alg. ....
    sich in jdn. verlieben

Me he enamorado de ella.
Ich habe mich in sie verliebt.

encargarse de (hacer) a. c. .....
    etw. übernehmen

Yo me encargo de llamar a la gente.
Ich übernehme es, die Leute anzurufen.

enterarse de a. c. ....
    etw. erfahren

Me he enterado del asunto de Luisa.
Ich habe von Luisas Angelegenheit erfahren.

faltar a a. c. ....
    etw. nicht einhalten

Faltó a su promesa.
Er hielt sein Versprechen nicht ein.

fijarse en a. c./alg. ....
    auf etw./jdn. achten

Tienes que fijarte más en lo que haces.
Du musst mehr darauf achten, was du tust.

inscribirse en a. c. ....
    sich zu etw. anmelden

Me he inscrito en un curso de español.
Ich habe mich zu einem Spanischkurs angemeldet.

insistir en a. c. ....
    auf etw. bestehen

Insistieron en vender el piso.
Sie bestanden darauf, die Wohnung zu verkaufen.

jugar a a. c. ....
    etw. spielen (Sport, Spiel …)

Juega muy bien al golf.
Er spielt sehr gut Golf.

limitar con a. c. ....
    an etw. angrenzen

Nuestra casa limita con un parque.
Unser Haus grenzt an einen Park an.

negarse a hacer a. c. ....
    sich weigern, etw. zu tun

Se negó a pagar lo que me debía.
Er weigerte sich zu bezahlen, was er mir schuldete.

oler a a. c. ....
    nach etw. riechen

Huele a romero.
Es riecht nach Rosmarin.

olvidarse de (hacer) a. c. ... ...
    etw. vergessen

Me he olvidado de invitar a Sara.
Ich habe vergessen, Sara einzuladen.

parecerse a alg. ....
    jdm. ähnlich sein

Tu hermano se parece a tu padre.
Dein Bruder ist deinem Vater ähnlich.

participar en a. c. ....
    an etw. teilnehmen

Muchos equipos participan en el torneo.
Viele Mannschaften nehmen an dem Turnier teil.

pasar por alg. ....
    für/als etw. durchgehen

Pasó por periodista.
Er ging als Journalist durch.

pedir a. c. **a** alg. .... Hemos pedido a nuestro jefe un aumento.

jdn. um etw. bitten *Wir haben unseren Chef um eine Gehaltser-*
höhung gebeten.

pensar **en** a. c./alg. .... Pienso mucho en ellos.
an etw./jdn. denken *Ich denke oft an sie.*

ponerse **a** hacer a. c. .... Por fin se ha puesto a hacer la declaración de
sich daranmachen, la renta.
etw. zu tun *Endlich hat er angefangen, seine Steuererklä-*
rung zu machen.

preguntar **por** a. c./alg. .... Teresa ha preguntado por ti.
nach etw./jdm. fragen *Teresa hat nach dir gefragt.*

▶ quedar **con** alg. .... He quedado con Elena en su casa.
sich mit jdm. verabreden *Ich habe mich mit Elena bei ihr zu Hause verab-*
redet.

quedar **en** hacer a. c. .... Quedamos en entregar el trabajo en enero.
vereinbaren, etw. zu tun *Wir haben vereinbart, die Arbeit im Januar abzu-*
geben.

▶ referirse **a** a. c./alg. .... ¿A qué te refieres con esa pregunta?
sich auf etw./jdn. beziehen *Worauf beziehst du dich mit dieser Frage?*

reírse **de** a. c./alg. .... No te rías de ellos.
über etw./jdn. lachen *Lach nicht über sie.*

renunciar **a** a. c. .... He renunciado a mis vacaciones.
auf etw. verzichten *Ich habe auf meinen Urlaub verzichtet.*

resignarse **con** a. c. .... No puedo resignarme con eso.
sich mit etw. abfinden *Ich kann mich nicht damit abfinden.*

▶ saber **a** a. c. .... Sabe demasiado a mantequilla.
nach etw. schmecken *Es schmeckt zu sehr nach Butter.*

soñar **con** a. c./alg. .... Soñé con mis amigos de Soria.
von etw./jdm. träumen *Ich träumte von meinen Freunden aus Soria.*

▶ tardar **en** hacer a. c. .... Tardaron dos horas en llegar aquí.
Zeit brauchen, um etw. zu *Sie brauchten zwei Stunden, um hier anzu-*
tun *kommen.*

▶ volver **a** hacer a. c. .... Han vuelto a esquiar.
etw. wieder tun *Sie sind wieder Ski gefahren.*

Alphabetische Verbliste Spanisch – Deutsch

Hier haben wir für Sie die wichtigsten spanischen Verben mit ihren entsprechenden deutschen Übersetzungen alphabetisch aufgelistet. Die rechts angeführten Nummern stellen Konjugationsnummern dar. Auf den Seiten der einzelnen Konjugationstabellen finden Sie diese Nummern wieder. Jene Verben, die hier im Folgenden den jeweiligen Konjugationsnummern zugewiesen sind, werden nach genau diesem Muster konjugiert. Manchen Verben sind auch zwei Konjugationsnummern zugeteilt. Die hervorgehobenen Verben sind als vollständige Konjugationstabellen, also als Muster, vorne im Buch abgedruckt.

A

abandonar *verlassen*	(6)
abarcar *umfassen*	(13)
abastecer *versorgen*	(43)
abatir *niederschlagen*	(8)
abolir *abschaffen*	(8)
abrazar *umarmen*	(21)
abrigar *beschützen*	(38)
abrir *öffnen*	(8)
abrochar *zuschnallen*	(6)
aburrir *langweilen*	(8)
acabar *beenden*	(6)
acariciar *streicheln*	(6)
acentuar *betonen*	(19)
aceptar *annehmen*	(6)
acercarse *sich nähern*	(4)
acertar *erraten*	(47)
acoger *aufnehmen*	(16)
acompañar *begleiten*	(6)
aconsejar *raten*	(6)
acontecer *geschehen*	(43)
acordar *zustimmen*	(18)
acostar *zu Bett bringen*	(18)
actuar *handeln, wirken*	(19)
adelgazar *abnehmen*	(21)
aderezar *herrichten*	(21)
admirar *bewundern*	(6)
admitir *zugeben*	(8)
adoptar *adoptieren*	(6)
adorar *anbeten*	(6)

adquirir *erwerben*	(9)
advertir *bemerken*	(61)
afianzar *befestigen*	(21)
afirmar *bejahen*	(6)
afrontar *gegenüberstellen*	(6)
agarrar *greifen*	(6)
agradecer *danken*	(43)
agregar *hinzufügen*	(38)
ahorrar *sparen*	(6)
alargar *verlängern*	(38)
alcanzar *erreichen*	(21)
alegrar *erfreuen*	(6)
alimentar *ernähren*	(6)
almorzar *zu Mittag essen*	(33)
alquilar *vermieten, mieten*	(6)
alzar *hochheben*	(21)
amanecer *Tag werden*	(43)
amar *lieben*	(6)
amenazar *drohen*	(21)
amortiguar *dämpfen*	(12)
amortizar *tilgen*	(21)
ampliar *vergrößern*	(30)
añadir *hinzufügen*	(8)
analizar *analysieren*	(21)
andar *gehen, laufen*	(10)
anochecer *Nacht werden*	(43)
anteponer *voranstellen*	(50)
anunciar *ankündigen*	(6)
apaciguar *besänftigen*	(12)

apagar *ausschalten*	(38)
aparcar *parken*	(13)
aparecer *erscheinen*	(43)
apestar *stinken*	(6)
apetecer *begehren*	(43)
aplaudir *Beifall klatschen*	(8)
aplazar *verschieben*	(21)
apostar *wetten*	(18)
apoyar *unterstützen*	(5)
apreciar *wahrnehmen*	(5)
aprender *lernen*	(7)
apretar *drücken*	(47)
aprobar *bewilligen*	(18)
aprovechar *nutzen*	(6)
arrancar *ausreißen*	(13)
arreglar *regeln*	(6)
arrepentirse *bereuen*	(4)/(61)
arriesgar *riskieren*	(38)
asentir *zustimmen*	(61)
asistir *teilnehmen*	(8)
asociar *verbinden*	(6)
asomar *sehen lassen*	(6)
atacar *angreifen*	(13)
atardecer *Abend werden*	(43)
atender *beachten*	(48)
atenuar *mindern*	(19)
aterrizar *landen*	(21)
aterrorizar *terrorisieren*	(21)
atracar *überfallen*	(13)
atrapar *fangen*	(6)

atravesar *überqueren* (47)

atreverse *wagen* (4)/(7)

atribuir *zuschreiben* (35)

aumentar *vermehren* (6)

autorizar *bevollmächtigen* (21)

avanzar *vorwärtsgehen* (21)

avergonzar *beschämen* (11)

averiarse *kaputtgehen* (4)/(30)

averiguar *herausfinden* (12)

ayudar *helfen* (6)

B

bailar *tanzen* (6)

bañar *baden* (6)

barnizar *glasieren* (21)

barrer *fegen* (7)

batir *rühren* (8)

bautizar *taufen* (21)

beber *trinken* (7)

bendecir *segnen* (23)

besar *küssen* (6)

bostezar *gähnen* (21)

brillar *glänzen* (6)

brincar *hüpfen* (13)

broncear *bräunen* (6)

burlarse *verspotten* (4)

buscar *suchen* (13)

C

caber *passen* (14)

caducar *verfallen* (13)

caer *fallen* (15)

calcular *einschätzen* (6)

calentar *erwärmen* (47)

calificar *beurteilen* (13)

callar *schweigen* (6)

cambiar *wechseln* (6)

caminar *wandern* (6)

cantar *singen* (6)

carecer *entbehren* (43)

cargar *laden* (38)

castigar *strafen* (38)

cazar *jagen* (21)

celebrar *feiern* (6)

cenar *zu Abend essen* (6)

cerrar *schließen* (47)

certificar *bescheinigen* (13)

chillar *kreischen* (6)

chocar *anstoßen* (13)

cicatrizar *vernarben* (21)

civilizar *zivilisieren* (21)

clasificar *einordnen* (13)

cobrar *kassieren* (6)

cocer *aufkochen* (64)

coger *nehmen* (16)

cojear *hinken* (6)

colaborar *mitwirken* (6)

colgar *aufhängen* (56)

colocar *aufstellen* (13)

comentar *besprechen* (6)

comenzar *anfangen* (29)

comer *essen* (7)

comerciar *handeln* (6)

cometer *begehen* (7)

compadecer *bemitleiden* (43)

compartir *teilen* (8)

compensar *ausgleichen* (6)

competir *konkurrieren* (46)

complicar *erschweren* (13)

componer *bilden* (50)

comportar *ertragen* (6)

comprar *kaufen* (6)

comprender *verstehen* (7)

comprobar *feststellen* (18)

comprometer *verpflichten* (7)

comunicar *mitteilen* (13)

concebir *begreifen* (46)

conceder *zugestehen* (7)

concernir *betreffen* (25)

conciliar *versöhnen* (6)

cocinar *kochen* (6)

concluir *abschließen* (35)

conducir *fahren* (51)

confesar *gestehen* (47)

confiar *anvertrauen* (30)

confundir *verwechseln* (8)

conmover *erschüttern* (40)

conocer *kennen(lernen)* (17)

conseguir *erreichen* (60)

consentir *gestatten* (61)

conservar *konservieren* (6)

considerar *berücksich-*
tigen (6)

constar *bestehen* (6)

constituir *darstellen* (35)

construir *bauen* (35)

consumir *verzehren* (8)

contagiar *anstecken* (6)

contar *zählen* (18)

contemplar *betrachten* (6)

contestar *beantworten* (6)

continuar *fortsetzen* (19)

contradecir *wider-*
sprechen (23)

contravenir *verstoßen* (67)

contribuir *beitragen* (35)

convencer *überzeugen* (66)

convenir *vereinbaren* (67)

cooperar *zusammen-*
arbeiten (6)

corregir *korrigieren* (28)

correr *rennen* (7)

corresponder *ent-*
sprechen (7)

corromper *verderben* (7)

cortar *schneiden* (6)

coser *nähen* (7)

costar *kosten* (18)

crear *schaffen* (6)

crecer *wachsen* (43)

creer *glauben* (20)

criar *züchten* (30)

criticar *kritisieren* (13)

crujir *krachen* (8)

cruzar *überqueren* (21)
cubrir *bedecken* (8)
cuidar *pflegen* (6)

D

dar *geben* (22)
debatir *erörtern* (8)
deber *müssen* (7)
decaer *verfallen* (15)
decidir *entscheiden* (8)
decir *sagen* (23)
dedicar *widmen* (13)
deducir *ableiten* (51)
defender *verteidigen* (48)
dejar *lassen* (6)
demostrar *beweisen* (18)
departir *plaudern* (8)
depender *abhängig sein* (7)
derretir *schmelzen* (46)
desabrochar *aufknöpfen* (6)
desafiar *herausfordern* (30)
desaguar *abfließen* (12)
desandar *zurückgehen* (10)
desaparecer *verschwin-*
  den (43)
desarrollar *entwickeln* (6)
descender *hinunter-*
  steigen (48)
desconocer *nicht kennen* (17)
describir *beschreiben* (8)
descubrir *entdecken* (8)
desear *wünschen* (6)
desembocar *münden* (13)
desenvolver *auspacken* (70)
deshacer *lösen* (34)
designar *bezeichnen* (6)
desistir *aufgeben* (8)
deslucir *abnutzen* (39)
desobedecer *nicht*
  gehorchen (43)
desoír *überhören* (44)
despedir *verabschieden* (46)

despegar *abheben* (38)
despertar *wecken* (47)
despertarse *aufwachen* (4)
desproveer *nicht*
  versorgen (20)
destacar *hervorheben* (13)
destrozar *zerstören* (21)
destruir *zerstören* (35)
detener *anhalten* (63)
devaluar *devaluieren* (19)
devolver *zurückgeben* (70)
devorar *fressen* (6)
diferenciar *differenzieren* (6)
difundir *ausbreiten* (8)
digerir *verdauen* (61)
dirigir *leiten* (24)
discernir *unterscheiden* (25)
disfrazar *maskieren* (21)
disolver *auflösen* (70)
distinguir *unterscheiden* (26)
distribuir *austeilen* (35)
divertir *amüsieren* (61)
dividir *halbieren* (8)
divulgar *verbreiten* (38)
doblar *krümmen* (6)
doler *wehtun* (40)
dormir *schlafen* (27)
duplicar *verdoppeln* (13)
durar *dauern* (6)

E

echar *werfen* (6)
economizar *einsparen* (21)
educar *erziehen* (13)
efectuar *ausführen* (19)
ejercer *ausüben* (66)
elegir *aussuchen* (28)
elevar *erhöhen* (6)
elogiar *loben* (6)
emerger *auftauchen* (16)
empeorar *verschlechtern* (6)
empezar *beginnen* (29)

emplear *anwenden* (6)
empobrecer *verarmen* (43)
empujar *drängen* (6)
encargar *bestellen* (38)
encender *anzünden* (48)
encontrar *finden* (18)
enderezar *geradestellen* (21)
enfriar *abkühlen* (30)
engañar *betrügen* (6)
engullir *verschlingen* (8)
enjuagar *abspülen* (38)
ensayar *proben* (6)
enseñar *lehren* (6)
ensuciar *beschmutzen* (6)
entender *verstehen* (48)
enterrar *begraben* (47)
entrar *hineingehen* (6)
entregar *abgeben* (38)
entrever *in Aussicht*
  haben (68)
enviar *schicken* (30)
envolver *einpacken* (70)
equivaler *gleich-*
  kommen (7)/(58)
equivocar *verwechseln* (13)
erguir *(hoch)heben* (31)
erigir *errichten* (24)
escoger *aussuchen* (16)
esconder *verstecken* (7)
escribir *schreiben* (8)
escuchar *zuhören* (6)
esforzar *anstrengen* (33)
esparcir *verstreuen* (32)
especializarse *sich*
  spezialisieren (4)/(21)
esperar *warten* (6)
esquiar *Ski fahren* (30)
establecer *begründen* (43)
estar *sich befinden* (2)
estornudar *niesen* (6)
estropear *beschädigen* (6)

estudiar *lernen* (6)
evadir *ausweichen* (8)
evaluar *evaluieren* (19)
exagerar *übertreiben* (6)
excluir *ausschließen* (35)
exhibir *vorzeigen* (8)
existir *existieren* (8)
explicar *erklären* (13)
exponer *darlegen* (50)
expulsar *vertreiben* (6)
extender *ausbreiten* (48)
extinguir *löschen* (26)
extinguirse
   aussterben (4)/(26)

F
fabricar *herstellen* (13)
fallecer *verscheiden* (43)
favorecer *begünstigen* (43)
felicitar *gratulieren* (6)
fiarse sich *verlassen* (4)/(30)
figurar *erscheinen* (6)
fijar *befestigen* (6)
finalizar *beenden* (21)
fingir *vortäuschen* (24)
florecer *blühen* (43)
formar *formen* (6)
forzar *zwingen* (33)
fotografiar *fotografieren* (30)
fraguar sich *durchsetzen* (12)
fregar *wischen* (42)
freír *braten* (54)
fruncir *runzeln* (32)
funcionar *funktionieren* (6)
fundir *einschmelzen* (8)

G
ganar *gewinnen* (6)
garantizar *gewährleisten* (21)
golpear *schlagen* (6)
gozar *genießen* (21)
granizar *hageln* (21)

guardar *bewahren* (6)
guiar *führen* (30)
gustar *gefallen* (6)

H
haber *haben* (3)
habituar *gewöhnen* (19)
hablar *sprechen* (6)
hacer *tun* (34)
hallar *finden* (6)
hechizar *bezaubern* (21)
heredar *erben* (6)
herir *verletzen* (61)
hervir *kochen* (61)
honrar *ehren* (6)
hospitalizar *einweisen* (21)
huir *fliehen* (35)
humedecer *anfeuchten* (43)
hundir *versenken* (8)
hurgar *wühlen* (38)
husmear *wittern* (6)

I
identificar *identifizieren* (13)
ignorar *ignorieren* (6)
iluminar *erleuchten* (6)
imaginar sich *vorstellen* (6)
impedir *vermeiden* (46)
implicar *verwickeln* (13)
imponer *auferlegen* (50)
importar *importieren* (6)
imprimir *drucken* (8)
inaugurar *eröffnen* (6)
incitar *anstiften* (6)
incluir *einschließen* (35)
incurrir *geraten* (8)
indagar *ermitteln* (38)
indicar *anzeigen* (13)
inducir *verleiten* (51)
influir *beeinflussen* (35)
informar *informieren* (6)
iniciar *beginnen* (6)

inquirir *untersuchen* (9)
inscribir *einschreiben* (8)
insinuar *andeuten* (19)
insistir *beharren* (8)
instar *inständig bitten* (6)
instruir *belehren* (35)
intentar *versuchen* (6)
interesar *interessieren* (6)
interpretar *interpretieren* (6)
interrogar *befragen* (38)
interrumpir *unterbrechen* (8)
intervenir *eingreifen* (67)
introducir *einführen* (51)
invadir *einfallen* (8)
inventar *erfinden* (6)
invitar *einladen* (6)
ir *gehen* (36)

J
jugar *spielen* (37)
justificar *rechtfertigen* (13)
juzgar *beurteilen* (38)

L
lamentar *bedauern* (6)
lanzar *schleudern* (21)
lavar *waschen* (6)
lavarse sich *waschen* (4)
leer *lesen* (20)
levantar *aufrichten* (6)
levantarse *aufstehen* (4)
limpiar *putzen* (6)
llegar *ankommen* (38)
llenar *füllen* (6)
llevar *mitnehmen* (6)
llorar *weinen* (6)
llover *regnen* (40)
lograr *erreichen* (6)
lucir *leuchten* (39)

M
machacar *zerkleinern* (13)

maldecir *verfluchen* (23)
manchar *beflecken* (6)
mandar *senden* (6)
manifestar *demonstrieren* (47)
mantener *behalten* (63)
marcar *kennzeichnen* (13)
marearse *seekrank werden* (4)
masticar *kauen* (13)
mediatizar *mediatisieren* (21)
medir *messen* (46)
mejorar *verbessern* (6)
mencionar *erwähnen* (6)
menguar *zurückgehen* (12)
mentir *lügen* (61)
merecer *lohnen* (43)
merendar *vespern* (47)
meter *stecken* (7)
mezclar *vermischen* (6)
mirar *ansehen* (6)
modificar *verändern* (13)
mojar *nass machen* (6)
molestar *stören* (6)
morder *beißen* (40)
morir *sterben* (27)
mover *bewegen* (40)

N
nacer *geboren werden* (41)
navegar *navigieren* (38)
necesitar *brauchen* (6)
negar *verneinen* (42)
negociar *verhandeln* (6)
nevar *schneien* (47)
nombrar *nennen* (6)
notar *bemerken* (6)

O
obedecer *gehorchen* (43)
obligar *zwingen* (38)
obsequiar *bewirten* (6)
observar *beobachten* (6)

obtener *erlangen* (63)
ocurrir *vorkommen* (8)
odiar *hassen* (6)
ofender *beleidigen* (7)
ofrecer *anbieten* (43)
oír *hören* (44)
oler *riechen* (45)
olvidar *vergessen* (6)
operar *operieren* (6)
opinar *meinen* (6)
oponer *entgegensetzen* (50)
oprimir *unterdrücken* (8)
organizar *organisieren* (21)
oscurecer *verdunkeln* (43)
otorgar *ausfertigen* (38)

P
padecer *leiden* (43)
pagar *zahlen* (38)
palidecer *erblassen* (43)
parar *anhalten* (6)
parecer *scheinen* (43)
partir *teilen* (8)
pasar *vorbeigehen* (6)
pasear *spazieren gehen* (6)
pedir *bitten* (46)
pegar *schlagen* (38)
peinar *kämmen* (6)
pelar *schälen* (6)
pellizcar *zwicken* (13)
pensar *denken* (47)
percibir *wahrnehmen* (8)
perder *verlieren* (48)
perdonar *vergeben* (6)
perecer *vergehen* (43)
perjudicar *schaden* (13)
permanecer *verbleiben* (43)
permitir *erlauben* (8)
perseguir *verfolgen* (60)
persistir *beharren* (8)

pertenecer *angehören* (43)
pesar *wiegen* (6)
pescar *fischen* (13)
pintar *malen* (6)
planear *planen* (6)
poder *können* (49)
poner *stellen* (50)
poseer *besitzen* (20)
posponer *nachstellen* (50)
practicar *ausüben* (13)
predecir *voraussagen* (23)
predicar *predigen* (13)
preferir *vorziehen* (61)
preguntar *fragen* (6)
premiar *belohnen* (6)
preparar *vorbereiten* (6)
presenciar *beiwohnen* (6)
presentar *vorstellen* (6)
presumir *angeben* (8)
pretender *erstreben* (7)
prevenir *vorbeugen* (67)
prever *voraussehen* (68)
probar *probieren* (18)
procurar *versuchen* (6)
procurarse *sich beschaffen* (4)
producir *erzeugen* (51)
prohibir *verbieten* (52)
prolongar *verlängern* (38)
prometer *versprechen* (7)
promover *erheben* (40)
pronunciar *aussprechen* (6)
proponer *vorschlagen* (50)
proporcionar *versorgen* (6)
proseguir *fortsetzen* (60)
proteger *schützen* (15)
proveer *versorgen* (20)
provenir *herkommen* (67)
provocar *provozieren* (13)
publicar *bekannt machen* (13)
pulir *abschleifen* (8)

Q

quebrar *biegen* (47)

quedar *übrig bleiben* (6)

quejarse *sich beschweren* (4)

quemar *verbrennen* (6)

querer *wollen* (53)

R

rallar *reiben* (6)

rascar *kratzen* (13)

realizar *durchführen* (21)

recaer *erleiden (einen Rückfall)* (15)

rechazar *ablehnen* (21)

recibir *empfangen* (8)

recoger *abholen* (16)

recomendar *empfehlen* (47)

reconocer *erkennen* (17)

recordar *sich erinnern* (18)

recorrer *durchlaufen* (7)

rectificar *berichtigen* (13)

recuperar *zurückgewinnen* (6)

recurrir *wenden* (8)

referir *berichten* (61)

reflexionar *nachdenken* (6)

reforzar *verstärken* (33)

regar *gießen* (42)

regir *regieren* (28)

registrar *verzeichnen* (6)

regresar *zurückkehren* (6)

rehacer *wiederherstellen* (34)

reír *lachen* (54)

relatar *erzählen* (6)

remar *rudern* (6)

remover *umrühren* (40)

remplazar *vertreten* (21)

renacer *wiedergeboren werden* (41)

renunciar *verzichten* (6)

repartir *verteilen* (8)

repetir *wiederholen* (46)

resolver *lösen* (70)

resplandecer *funkeln* (43)

responder *antworten* (7)

retener *beschlagnahmen* (63)

reunir *vereinigen* (55)

reventar *platzen* (47)

revolver *umrühren* (70)

rodar *rollen* (18)

rodear *umgeben* (6)

rogar *(höflich) bitten* (56)

romper *zerbrechen* (7)

roncar *schnarchen* (13)

S

saber *wissen* (57)

sacar *herausnehmen* (13)

sacudir *schütteln* (8)

salir *hinausgehen* (58)

satisfacer *zufriedenstellen* (59)

seguir *folgen* (60)

seleccionar *sortieren* (6)

sellar *stempeln* (6)

sembrar *säen* (47)

sentar *setzen* (47)

sentir *fühlen* (61)

ser *sein* (1)

servir *dienen* (46)

situar *stellen* (19)

sobrevenir *auftreten* (67)

sobresalir *herausragen* (58)

soler *pflegen* (62)

sonar *läuten* (18)

soñar *träumen* (18)

sospechar *verdächtigen* (6)

sostener *festhalten* (63)

subir *hinauftragen* (8)

suceder *geschehen* (7)

sujetar *festhalten* (6)

suponer *vermuten* (50)

sustituir *ersetzen* (35)

T

temer *fürchten* (7)

tender *aufhängen* (48)

tener *haben* (63)

terminar *beenden* (6)

tirar *wegwerfen* (6)

tocar *berühren* (13)

tolerar *dulden* (6)

tomar *nehmen* (6)

torcer *abbiegen* (64)

trabajar *arbeiten* (6)

traducir *übersetzen* (51)

traer *(her)bringen* (65)

tranquilizar *beruhigen* (21)

transmitir *übertragen* (8)

tropezar *stolpern* (29)

U

unir *verbinden* (8)

utilizar *benutzen* (21)

V

vaciar *entleeren* (30)

valer *wert sein* (7)/(58)

valorar *schätzen* (6)

velar *wachen* (6)

vencer *(be)siegen* (66)

vender *verkaufen* (7)

venir *kommen* (67)

ver *sehen* (68)

verter *auskippen* (61)

viajar *reisen* (6)

vivir *leben* (8)

volar *fliegen* (18)

volcar *umwerfen* (69)

volver *zurückkommen* (70)

votar *wählen* (6)

Z

zurcir *flicken* (32)

Alphabetische Verbliste Deutsch – Spanisch

Hier haben wir für Sie die wichtigsten deutschen Verben mit den entsprechenden spanischen Übersetzungen alphabetisch aufgelistet. Auch hier steht die rechts angeführte Nummer für die Konjugationsnummer, also das Muster, nach dem das entsprechende spanische Verb konjugiert wird. Die spanischen Entsprechungen der hervorgehobenen deutschen Verben sind als vollständige Konjugationstabellen vorne im Buch abgedruckt.

A

abbiegen torcer (64)
Abend werden atardecer (43)
abfließen desaguar (12)
abgeben entregar (38)
abhängig sein depender (7)
abheben despegar (38)
abholen recoger (16)
abkühlen enfriar (30)
ablehnen rechazar (21)
ableiten deducir (51)
abnehmen adelgazar (21)
abnutzen deslucir (39)
abschaffen abolir (8)
abschleifen pulir (8)
abschließen concluir (35)
abspülen enjuagar (38)
adoptieren adoptar (6)
amüsieren divertir (61)
analysieren analizar (21)
anbeten adorar (6)
anbieten ofrecer (43)
andeuten insinuar (19)
anfangen comenzar (29)
anfeuchten humedecer (43)
angeben presumir (8)
angehören pertenecer (43)
angreifen atacar (13)
anhalten detener (63)
anhalten parar (6)
ankommen llegar (38)

ankündigen anunciar (6)
annehmen aceptar (6)
ansehen mirar (6)
anstecken contagiar (6)
anstiften incitar (6)
anstoßen chocar (13)
sich anstrengen
   esforzarse (4)/(33)
antworten responder (7)
anvertrauen confiar (30)
anwenden emplear (6)
anzeigen indicar (13)
anzünden encender (48)
arbeiten trabajar (6)
auferlegen imponer (50)
aufgeben desistir (8)
aufhängen tender (48)
aufhängen colgar (56)
aufknöpfen desabrochar (6)
aufkochen cocer (64)
auflösen disolver (70)
aufnehmen acoger (16)
aufrichten levantar (6)
aufstehen levantarse (4)
aufstellen colocar (13)
auftauchen emerger (16)
auftreten sobrevenir (67)
aufwachen despertarse (4)
ausbreiten difundir (8)
ausfertigen otorgar (38)
ausführen efectuar (19)

ausgleichen compensar (6)
auskippen verter (61)
auspacken desenvolver (70)
ausreißen arrancar (13)
ausschalten apagar (38)
ausschließen excluir (35)
aussprechen pronunciar (6)
aussterben extinguirse (26)
aussuchen escoger (16)
aussuchen elegir (28)
austeilen distribuir (35)
ausüben ejercer (66)
ausüben practicar (13)
ausweichen evadir (8)

B

baden bañar (6)
bauen construir (35)
beachten atender (48)
beantworten contestar (6)
bedauern lamentar (6)
bedecken cubrir (8)
beeinflussen influir (35)
beenden acabar (6)
beenden finalizar (21)
beenden terminar (6)
befestigen afianzar (21)
befestigen fijar (6)
sich befinden estar (2)
beflecken manchar (6)
befragen interrogar (38)
begehen cometer (7)

begehren apetecer ㊸
beginnen empezar ㉙
beginnen iniciar ⑥
begleiten acompañar ⑥
begraben enterrar ㊼
begreifen concebir ㊻
begründen establecer ㊸
begünstigen favorecer ㊸
behalten mantener (63)
beharren insistir ⑧
Beifall klatschen aplaudir ⑧
beißen morder ㊵
beitragen contribuir ㉟
beiwohnen presenciar ⑥
bejahen afirmar ⑥
bekannt machen publicar ⑬
bekommen recibir ⑧
belehren instruir ㉟
beleidigen ofender ⑦
belohnen premiar ⑥
bemerken advertir (61)
bemerken notar ⑥
bemitleiden compadecer ㊸
benutzen utilizar ㉑
beobachten observar ⑥
bereuen arrepentirse ④/(61)
berichten referir (61)
berichtigen rectificar ⑬
berücksichtigen considerar ④
beruhigen tranquilizar ㉑
berühren tocar ⑬
besänftigen apaciguar ⑫
sich beschaffen procurarse ④
beschädigen estropear ⑥
beschämen avergonzar ⑪
bescheinigen certificar ⑬
beschlagnahmen retener (63)
beschmutzen ensuciar ⑥
beschreiben describir ⑧
beschützen abrigar ㊳
sich beschweren quejarse ④
besitzen poseer ⑳
besprechen comentar ⑥
bestehen constar ⑥
bestellen encargar ㊳
betonen acentuar ⑲
betrachten contemplar ⑥
betreffen concernir ㉕
betrügen engañar ⑥
beurteilen calificar ⑬
beurteilen juzgar ㊳
bevollmächtigen autorizar ㉑
bewahren guardar ⑥
bewegen mover ㊵
beweisen demostrar ⑱
bewilligen aprobar ⑱
bewirten obsequiar ⑥
bewundern admirar ⑥
bezaubern hechizar ㉑
bezeichnen designar ⑥
biegen quebrar ㊼
bilden componer ㊿
bitten pedir ㊻
(höflich) bitten rogar (56)
blühen florecer ㊸
braten freír (54)
brauchen necesitar ⑥
bräunen broncear ⑥

D

dämpfen amortiguar ⑫
danken agradecer ㊸
darlegen exponer ㊿
darstellen constituir ㉟
dauern durar ⑥
demonstrieren manifestar ㊼
denken pensar ㊼
devaluieren devaluar ⑲
dienen servir ㊻
differenzieren diferenciar ⑥
drängen empujar ⑥
drohen amenazar ㉑
drucken imprimir ⑧
drücken apretar ㊼
dulden tolerar ⑥
durchführen realizar ㉑
durchlaufen recorrer ⑦
sich durchsetzen fraguar ⑫

E

ehren honrar ⑥
einfallen invadir ⑧
einführen introducir (51)
eingreifen intervenir (67)
einladen invitar ⑥
einordnen clasificar ⑬
einpacken envolver (70)
einschätzen calcular ⑥
einschließen incluir ㉟
einschmelzen fundir ⑧
einschreiben inscribir ⑧
einsparen economizar ㉑
einweisen hospitalizar ㉑
empfangen recibir ⑧
empfehlen recomendar ㊼
entbehren carecer ㊸
entdecken descubrir ⑧
entgegensetzen oponer ㊿
entleeren vaciar ㉚
entscheiden decidir ⑧
entsprechen corresponder ⑦
entwickeln desarrollar ⑥
erben heredar ⑥
erblassen palidecer ㊸
erfinden inventar ⑥
erfreuen alegrar ⑥
erheben promover ㊵
erhöhen elevar ⑥
sich erinnern recordar ⑱
erkennen reconocer ⑰

erklären explicar (13)
erlangen obtener (63)
erlauben permitir (8)
erleuchten iluminar (6)
ermitteln indagar (38)
ernähren alimentar (6)
eröffnen inaugurar (6)
erörtern debatir (8)
erraten acertar (47)
erreichen alcanzar (21)
erreichen conseguir (60)
erreichen lograr (6)
errichten erigir (24)
erscheinen figurar (6)
erschüttern conmover (40)
erschweren complicar (13)
ersetzen sustituir (35)
erstreben pretender (7)
ertragen comportar (6)
erwähnen mencionar (6)
erwerben adquirir (9)
erzählen relatar (6)
erzeugen producir (51)
erziehen educar (13)
essen comer (7)
evaluieren evaluar (19)
existieren existir (8)

F

fahren conducir (51)
fallen caer (15)
fangen atrapar (6)
fegen barrer (7)
feiern celebrar (6)
festhalten sostener (63)
festhalten sujetar (6)
feststellen comprobar (18)
finden encontrar (18)
finden hallar (6)
fischen pescar (13)
flicken zurcir (32)

fliegen volar (18)
fliehen huir (35)
folgen seguir (60)
formen formar (6)
fortsetzen continuar (19)
fortsetzen proseguir (60)
fotografieren fotografiar (30)
fragen preguntar (6)
fressen devorar (6)
fühlen sentir (61)
führen guiar (30)
füllen llenar (6)
funkeln resplandecer (43)
funktionieren funcionar (6)
fürchten temer (7)

G

gähnen bostezar (21)
geben dar (22)
geboren werden nacer (41)
gefallen gustar (6)
gegenüberstellen afrontar (6)
gehen andar (10)
gehen ir (36)
gehorchen obedecer (43)
genießen gozar (21)
geradestellen enderezar (21)
geraten incurrir (8)
geschehen acontecer (43)
geschehen suceder (7)
gestatten consentir (61)
gestehen confesar (47)
gewährleisten garantizar (21)
gewinnen ganar (6)
gewöhnen habituar (19)
gießen regar (42)
glänzen brillar (6)
glasieren barnizar (21)
glauben creer (20)
gleichkommen
   equivaler (7)/(58)

gratulieren felicitar (6)
greifen agarrar (6)

H

haben haber (3)
haben tener (63)
hageln granizar (21)
halbieren dividir (8)
handeln comerciar (6)
hassen odiar (6)
helfen ayudar (6)
herabnehmen
   descender (48)
herausfinden averiguar (12)
herausfordern desafiar (30)
herausnehmen sacar (13)
herausragen sobresalir (58)
(her)bringen traer (65)
herkommen provenir (67)
herrichten aderezar (21)
herstellen fabricar (13)
hervorheben destacar (13)
hinauftragen subir (8)
hinausgehen salir (58)
hineingehen entrar (6)
hinken cojear (6)
hinuntersteigen
   descender (48)
hinzufügen agregar (38)
hinzufügen añadir (8)
hochheben alzar (21)
(hoch)heben erguir (31)
hören oir (44)
hüpfen brincar (13)

I

identifizieren identificar (13)
ignorieren ignorar (6)
importieren importar (6)
in Aussicht haben
   entrever (68)
informieren informar (6)

inständig bitten instar (6)
interessieren interesar (6)
interpretieren interpretar (6)

J
jagen cazar (21)

K
kämmen peinar (6)
kaputtgehen
  averiarse (4)/(30)
kassieren cobrar (6)
kauen masticar (13)
kaufen comprar (6)
kennen(lernen) conocer (17)
kennzeichnen marcar (13)
kochen cocinar (6)
kochen hervir (61)
kommen venir (67)
konkurrieren competir (46)
können poder (49)
konservieren conservar (6)
korrigieren corregir (28)
kosten costar (18)
krachen crujir (8)
kratzen rascar (13)
kreischen chillar (6)
kritisieren criticar (13)
krümmen doblar (6)
küssen besar (6)

L
lachen reír (54)
laden cargar (38)
landen aterrizar (21)
langweilen aburrir (8)
lassen dejar (6)
laufen andar (10)
läuten sonar (18)
leben vivir (8)
lehren enseñar (6)
leiden padecer (43)

leiten dirigir (24)
lernen aprender (7)
lernen estudiar (6)
lesen leer (20)
leuchten lucir (39)
lieben amar (6)
loben elogiar (6)
lohnen merecer (43)
löschen extinguir (26)
lösen deshacer (34)
lösen resolver (70)
lügen mentir (61)

M
malen pintar (6)
maskieren disfrazar (21)
meinen opinar (6)
mediatisieren mediatizar (21)
messen medir (46)
mieten alquilar (6)
mindern atenuar (19)
mitnehmen llevar (6)
mitteilen comunicar (13)
mitwirken colaborar (6)
münden desembocar (13)
müssen deber (7)

N
nachdenken reflexionar (6)
nachstellen posponer (50)
Nacht werden anochecer (43)
nähen coser (7)
sich nähern acercarse (4)
nass machen mojar (6)
navigieren navegar (38)
nehmen coger (16)
nehmen tomar (6)
nennen nombrar (6)
nicht gehorchen
  desobedecer (43)
nicht kennen
  desconocer (17)

nicht versorgen
  desproveer (20)
niederschlagen abatir (8)
niesen estornudar (6)
nutzen aprovechar (6)

O
öffnen abrir (8)
operieren operar (6)
organisieren organizar (21)

P
parken aparcar (13)
passen caber (14)
pflegen cuidar (6)
pflegen soler (62)
planen planear (6)
platzen reventar (47)
plaudern departir (8)
predigen predicar (13)
proben ensayar (6)
probieren probar (18)
provozieren provocar (13)
putzen limpiar (6)

R
raten aconsejar (6)
rechtfertigen justificar (13)
regeln arreglar (6)
regieren regir (28)
regnen llover (40)
reiben rallar (6)
reisen viajar (6)
rennen correr (7)
riechen oler (45)
riskieren arriesgar (38)
rollen rodar (18)
rudern remar (6)
rühren batir (8)
runzeln fruncir (32)

S
säen sembrar (47)

sagen decir ㉓
schaden perjudicar ⑬
schaffen crear ⑥
schälen pelar ⑥
schätzen valorar ⑥
scheinen parecer ㊸
schicken enviar ㉚
schlafen dormir ㉗
schlagen golpear ⑥
schlagen pegar ㊳
schleudern lanzar ㉑
schließen cerrar ㊼
schmelzen derretir ㊻
schnarchen roncar ⑬
schneiden cortar ⑥
schneien nevar ㊼
schreiben escribir ⑧
schütteln sacudir ⑧
schützen proteger ⑯
schweigen callar ⑥
seekrank werden marearse ④
segnen bendecir ㉓
sehen ver (68)
sehen lassen asomar ⑥
sein ser ①
senden mandar ⑥
setzen sentar ㊼
siegen vencer (66)
singen cantar ⑥
Ski fahren esquiar ㉚
sortieren seleccionar ⑥
sparen ahorrar ⑥
spazieren gehen pasear ⑥
sich spezialisieren especializarse ④/㉑
spielen jugar ㊲
sprechen hablar ⑥
stecken meter ⑦
stellen poner ㊿
stellen situar ⑲
stempeln sellar ⑥
sterben morir ㉗
stinken apestar ⑥
stolpern tropezar ㉙
stören molestar ⑥
strafen castigar ㊳
streicheln acariciar ⑥
suchen buscar ⑬

T

Tag werden amanecer ㊸
tanzen bailar ⑥
taufen bautizar ㉑
teilen compartir ⑧
teilen partir ⑧
teilnehmen asistir ⑧
terrorisieren aterrorizar ㉑
tilgen amortizar ㉑
träumen soñar ⑱
trinken beber ⑦
tun hacer ㉞

U

überfallen atracar ⑬
überhören desoír ㊹
überqueren atravesar ㊼
überqueren cruzar ㉑
übersetzen traducir (51)
übertragen transmitir ⑧
übertreiben exagerar ⑥
überzeugen convencer (66)
übrig bleiben quedar ⑥
umarmen abrazar ㉑
umfassen abarcar ⑬
umgeben rodear ⑥
umrühren remover ㊵
umrühren revolver (70)
umwerfen volcar (69)
unterbrechen interrumpir ⑧
unterdrücken oprimir ⑧
unterscheiden discernir ㉕
unterscheiden distinguir ㉖
unterstützen apoyar ⑥
untersuchen inquirir ⑨

V

verabschieden despedir ㊻
verändern modificar ⑬
verarmen empobrecer ㊸
verbessern mejorar ⑥
verbieten prohibir (52)
verbinden asociar ⑥
verbinden unir ⑧
verbleiben permanecer ㊸
verbreiten divulgar ㊳
verbrennen quemar ⑥
verdächtigen sospechar ⑥
verdauen digerir (61)
verderben corromper ⑦
verdoppeln duplicar ⑬
verdunkeln oscurecer ㊸
vereinbaren convenir (67)
vereinigen reunir (55)
verfallen caducar ⑬
verfallen decaer ⑮
verfluchen maldecir ㉓
verfolgen perseguir (60)
vergeben perdonar ⑥
vergehen perecer ㊸
vergessen olvidar ⑥
vergrößern ampliar ㉚
verhandeln negociar ⑥
verkaufen vender ⑦
verlängern alargar ㊳
verlängern prolongar ㊳
verlassen abandonar ⑥
sich verlassen fiarse ㉚
verleiten inducir (51)
verletzen herir (61)
verlieren perder ㊽
vermehren aumentar ⑥
vermeiden impedir ㊻
vermieten alquilar ⑥

vermischen mezclar (6)	voraussehen prever (68)	wirken actuar (19)
vermuten suponer (50)	vorbeigehen pasar (6)	wischen fregar (42)
vernarben cicatrizar (21)	vorbereiten preparar (6)	**wissen** saber (57)
verneinen negar (42)	vorbeugen prevenir (67)	wittern husmear (6)
verpflichten	vorkommen ocurrir (8)	**wollen** querer (53)
comprometer (7)	vorschlagen proponer (50)	wühlen hurgar (38)
verscheiden fallecer (43)	vorstellen presentar (6)	wünschen desear (6)
verschieben aplazar (21)	sich vorstellen imaginar (6)	
verschlechtern	vortäuschen fingir (24)	**Z**
empeorar (6)	vorwärtsgehen avanzar (21)	zahlen pagar (38)
verschlingen engullir (8)	vorzeigen exhibir (8)	**zählen** contar (18)
verschwinden	vorziehen preferir (61)	zerbrechen romper (7)
desaparecer (43)		zerkleinern machacar (13)
versenken hundir (8)	**W**	zerstören destrozar (21)
versöhnen conciliar (6)	wachen velar (6)	zerstören destruir (35)
versorgen abastecer (43)	wachsen crecer (43)	zivilisieren civilizar (21)
versorgen proveer (20)	wagen atreverse (4)/(7)	zu Abend essen cenar (6)
verspotten burlarse (4)	wahrnehmen apreciar (6)	zu Bett bringen acostar (18)
versprechen prometer (7)	wahrnehmen percibir (8)	züchten criar (30)
verstecken esconder (7)	wählen votar (6)	**zufriedenstellen**
verstehen comprender (7)	wandern caminar (6)	satisfacer (59)
verstehen entender (48)	warten esperar (6)	zugeben admitir (8)
verstoßen contravenir (67)	waschen lavar (6)	zugestehen conceder (7)
verstreichen extender (48)	**sich waschen** lavarse (4)	zuhören escuchar (6)
verstreuen esparcir (32)	wechseln cambiar (6)	zu Mittag essen almorzar (33)
versuchen intentar (6)	wecken despertar (47)	zurückgeben devolver (70)
versuchen procurar (6)	wegwerfen tirar (6)	zurückgehen desandar (10)
verstärken reforzar (33)	wehtun doler (40)	zurückgehen menguar (12)
verteidigen defender (48)	weinen llorar (6)	zurückgewinnen
verteilen repartir (8)	wenden recurrir (8)	recuperar (6)
vertreiben expulsar (6)	werfen echar (6)	zurückkehren regresar (6)
vertreten remplazar (21)	wert sein valer (7)/(58)	**zurückkommen** volver (70)
verwechseln confundir (8)	wetten apostar (18)	zusammenarbeiten
verwechseln equivocar (13)	widersprechen	cooperar (6)
verwickeln implicar (13)	contradecir (23)	zuschnallen abrochar (6)
verzehren consumir (8)	widmen dedicar (13)	zuschreiben atribuir (35)
verzeichnen registrar (6)	wiedergeboren werden	zustimmen acordar (18)
verzichten renunciar (6)	renacer (41)	zustimmen asentir (61)
vespern merendar (47)	wiederherstellen rehacer (34)	zwicken pellizcar (13)
voranstellen anteponer (50)	wiederholen repetir (46)	**zwingen** forzar (33)
voraussagen predecir (23)	wiegen pesar (6)	zwingen obligar (38)